El terror como política exterior de Estados Unidos

Noam Chomsky

El terror como política exterior de Estados Unidos

libros del
Zorzal

TRADUCCIÓN
CAROL ABOUSLEIMAN
OCTAVIO KULESZ

FOTOGRAFÍA DE TAPA
PABLO GALARZA

DISEÑO
IXGAL

© Noam Chomsky, 1999, 2000, 2001

© Libros del Zorzal, 2001
Buenos Aires, Argentina
3ra reimpresión: agosto de 2002

ISBN 987-1081-00-6
Libros del Zorzal
Printed in Argentina
Hecho el depósito que previene la ley 11.723

Para sugerencias o comentarios acerca del contenido
de *El terror como política exterior de Estados Unidos*,
escríbanos a: lzorzal@yahoo.com

Se terminó de imprimir en el mes de agosto de 2002
en los Talleres Gráficos Nuevo Offset
Viel 1444, Capital Federal

Indice

Prefacio _____ 9

I. La Nueva Guerra
   contra el Terrorismo _____ 13

II. Soberanía
    y Orden Mundial _____ 57

III. La Conferencia
     de Albuquerque _____ 85

Prefacio

Las impactantes imágenes del derrumbe de las torres gemelas del World Trade Center el 11 de septiembre de 2001 transmitidas en vivo y en directo y repetidas al infinito en decenas de millones de pantallas, diarios, revistas y sitios de Internet alrededor del mundo pusieron en una indiscutible evidencia la vulnerabilidad de Estados Unidos. Es la primera vez en su historia, fuera del ataque británico a Washington en 1814, que este país sufre una agresión en su propio territorio. El repudio mundial frente a tamaña brutalidad fue casi unánime, pero la interpretación y la reacción ante lo sucedido tuvieron sus matices dentro del llamado Primer Mundo así como en los países que conforman el "Otro" Mundo y eso, según lo explica Noam Chomsky, no puede pasar inadvertido. Para este profesor estadounidense –uno de los intelectuales más lúcidos de la actualidad, destacado desde hace muchos años en el análisis minucioso de la realidad internacional– "el mundo se ve muy distinto según si es usted quien sostiene el látigo o quien viene siendo azotado por él durante cientos de años. Muy distinto".

En el primer capítulo del presente libro, "La nueva guerra contra el terrorismo", el autor acusa a su propio país, EEUU de ser el campeón mundial del terrorismo y rebate la idea de que el terror sea el arma de los pobres. Al contrario, es "en primer lugar y por lejos el arma de los ricos" que atesoran para sí el monopolio de la violencia. ¿Acaso EEUU no fue terrorista en Nicaragua? ¿Acaso no apoya a países terroristas por excelencia como Turquía o Indonesia? ¿Acaso no respaldó a Saddam Hussein en su plan de aniquilación de los kurdos? Son preguntas que se plantea Chomsky.

Entender las causas que han desencadenado los atentados del 11 de septiembre, definir exactamente qué se entiende por terrorismo, ser conscientes del tipo de política exterior que ha llevado a cabo EEUU desde el fin de la segunda guerra mundial, de los "genocidios silenciosos" avalados y muchas veces alentados por EEUU es una tarea intelectual que no puede dejar de hacerse si realmente existe un compromiso con la libertad, la justicia y los derechos humanos. Y por más que el panorama aparezca ensombrecido, el autor ve una posibilidad: "es difícil encontrar muchos rayos de luz en las últimas semanas pero uno de ellos es que existe una apertura creciente".

Tal como lo vislumbra Noam Chomsky en el segundo capítulo de este libro, "Soberanía y orden mundial", en el ajedrez planetario posterior a la caída del muro de Berlín se enfrentan los "estados iluminados" comandados por EEUU, paladines de la globalización económica, fanáticos creyentes del dogma del fin de la historia y los "estados malvados", opuestos a la exportación del modelo neoliberal y encarnación del Mal. En calidad de gendarmes de un modelo de libertad y justicia, los "estados iluminados" no dudarán en combatir a los "estados malvados" aunque el costo sean soberanías vapuleadas, decenas de miles de muertos e independencias hechas trizas.

Y todo transcurre en una perversa prolongación del hermetismo ideológico instaurado en los años '80 por Margaret Thatcher con su doctrina TINA, There is No Alternative, no hay alternativas. Pero es falso que no las haya, nos asegura Chomsky en "La conferencia de Albuquerque", el último capítulo de este libro. Allí el autor desmenuza la problemática de las soberanías. El orden mundial impuesto puede ser modificado simplemente porque es la resultante de decisiones humanas tomadas en el seno de instituciones que pueden ser a su vez cambiadas y/o reemplazadas, como ya ha ocurrido varias veces en la historia de la humanidad. Es cuestión de tener claro cuán importante es que los países y sus ciudadanos tengan el control de sus propias vidas. Como primer paso en este sentido, habría que comenzar por reflexionar seriamente acerca de la afirmación de Proudhon, intelectual anarquista del siglo XIX: "la libertad es la madre, no la hija del orden".

C.A.

I
La Nueva Guerra contra el Terrorismo

La última charla que di en este foro versaba sobre un tópico muy poco placentero. Hablé de cómo los seres humanos se han convertido en una especie en peligro de extinción y de cómo, dada la naturaleza de sus instituciones, tienen grandes chances de destruirse a sí mismos en un tiempo muy acotado. Así que en esta ocasión podemos tomarnos un pequeño descanso ya que hablaremos de un tema agradable: la nueva guerra contra el terrorismo. Desafortunadamente, el mundo sigue generando sucesos que tornan el cuadro cada vez más horrible.

Asumiré dos condiciones para mi reflexión: la primera, un reconocimiento de hecho, es que los sucesos del 11 de septiembre de 2001 fueron una horrenda atrocidad y generaron el balance de víctimas humanas más devastador de la historia, fuera de toda guerra. La segunda condición está ligada a los objetivos. Asumo que nuestra meta es reducir la probabilidad de semejantes crímenes dirigidos en contra nuestro o de otros.

Si usted no acepta estos dos presupuestos, entonces lo que sigue no le concierne. En caso de aceptarlos, surge una serie de preguntas íntimamente relacionadas, que merecen una buena dosis de reflexión.

Las cinco preguntas

La primera pregunta –por lejos la más importante– es: ¿qué está pasando hoy en día? Esto contiene una pregunta implícita: ¿qué podemos hacer al respecto? La segunda tiene que ver con la muy común presunción de que lo ocurrido el 11 de septiembre es un acontecimiento histórico, de esos que cambiarán la historia. Tiendo a estar de acuerdo con eso. Creo que es cierto. Es un evento histórico y lo que debemos preguntarnos es por qué. La tercera pregunta tiene que ver con el título que nos convoca, "La Nueva Guerra contra el Terrorismo". ¿En qué consiste exactamente? Y hay una pregunta conexa, a saber, ¿qué es terrorismo? La cuarta pregunta, más acotada pero importante tiene que ver con los orígenes de los crímenes del 11 de septiembre. Y la quinta: ¿de qué alternativas políticas disponemos para llevar a cabo esta guerra contra el terrorismo y enfrentar las causas que nos han conducido a una situación semejante?

1. ¿Qué está ocurriendo hoy en día?

Hambre de 3 a 4 millones de personas

Comencemos por el presente, la situación en Afganistán. Me atendré a fuentes incuestionables como el *New York Times*[1]. Según este diario, existen entre 7 y 9 millones de personas en Afganistán al borde del hambre. Esto era así antes del 11 de septiembre. La gente sobrevivía gracias a la ayuda internacional. El 16 de septiembre, el *New York Times* informó –cito– que Estados Unidos había solicitado a Pakistán la interrupción de los envíos por camiones de ayuda humanitaria, principalmente comida y otros víveres, a la población civil de Afganistán. Hasta donde yo sé, no hubo ninguna reacción al respecto en Estados Unidos ni en Europa. Y estamos hablando de un pedido de imponer el hambre a millones de personas. Por otra parte, la amenaza de acciones militares luego de los atentados del 11 de septiembre obligó a retirarse a los asistentes sociales internacionales que llevaban a cabo los programas de ayuda humanitaria. Hoy en día, y citando nuevamente al *New York Times*, los refugiados que llegan a Pakistán luego de atravesar el territorio afgano durante arduas jornadas describen escenas de desesperación y miedo en su país mientras que los ataques estadounidenses amenazan con transfor-

---
[1] Chomsky, por supuesto, lo dice irónicamente. (N. del E.)

mar su sufrimiento de larga data en una potencial catástrofe. Entrevistado por la revista del *New York Times*, un asistente social evacuado declaró: "Afganistán contaba con una soga de salvataje y acabamos de cortarla".

A comienzos de octubre, luego de tres semanas, se reanudó el Programa Mundial de Alimentación de las Naciones Unidas, el más importante por lejos. Fue retomado con menor intensidad y recomenzó así el envío de alimentos. Al no contar con la colaboración de los asistentes sociales internacionales, el sistema de distribución está entorpecido. Las organizaciones de ayuda condenaron vehementemente los bombardeos estadounidenses, calificándolos de propaganda y de ser causa de mayores daños que beneficios.

Luego de la primera semana de bombardeos, el *New York Times* informó en una de sus páginas internas, dentro de una columna sobre otro tema, que según la aritmética de las Naciones Unidas pronto habrá 7,5 millones de afganos con necesidades extremas de aunque más no sea una rebanada de pan y que quedan sólo unas pocas semanas antes de que el crudo invierno torne absolutamente imposible cualquier entrega de alimentos. Con los bombardeos, la entrega de alimentos ya se ha visto reducida a la mitad.

Comentario al pasar que nos dice que la civilización occidental está anticipando la matanza de 3 a

4 millones de personas. El mismo día, el líder de la civilización occidental rechazó con desprecio la oferta de entrega del supuesto culpable Osama Bin Laden y el pedido de evidencias que sustentaran la demanda de capitulación total.

El mismo día el relator especial de las Naciones Unidas a cargo de los alimentos le suplicó a Estados Unidos que detuviera los bombardeos para así tratar de salvar a millones de víctimas. Hasta donde yo sé, eso no fue informado. Esto ocurrió el 15 de octubre. Ayer, 17 de octubre, los principales organismos de ayuda OXFAM (Oxford Committee for Famine Relief), Christian Aid y otros se unieron al pedido. Usted no encontrará ninguna información al respecto en el *New York Times*. Hubo una línea en el Boston Globe, escondida dentro de un artículo acerca de Cachemira.

Genocidio silencioso

Todo esto nos da una primera descripción de lo que está ocurriendo. Pareciera que es de alguna manera un genocidio silencioso. También ofrece una buena perspectiva en el seno de la cultura de elite, aquella de la que somos parte. Indica que más allá de lo que ocurra, existen planes y programas que podrían llevar a la muerte a millones de personas en las próximas semanas... así ligeramente, sin comentarios, ni pensamientos al respecto, así de normal, en Estados

Unidos y en buena parte de Europa. No así en el resto del mundo. De hecho, tampoco en gran parte de Europa. Basta con leer la prensa irlandesa o escocesa para comprobar que las reacciones difieren. Lo que acontece está en gran parte bajo nuestro control. Podemos hacer mucho para influir. Y esto es brutalmente así.

2. ¿Por qué fue un evento histórico?

Territorio estadounidense atacado

Consideremos la pregunta de un modo más abstracto, olvidando por el momento que estamos en el medio de una acción que intenta matar 3 o 4 millones de personas, no talibanes por supuesto, sino sus víctimas. Volvamos a la pregunta del evento histórico que tuvo lugar el 11 de septiembre. Como ya dije, considero esto correcto. Fue un hecho histórico. Desafortunadamente no por su escala, desagradable de sólo pensar en ella, sino en términos proporcionales. Ya dije que es probablemente el peor balance de víctimas humanas que un crimen haya producido. Y eso quizás sea cierto. Pero existen desafortunadamente crímenes terroristas cuyos efectos resultan aún más extremos.

Sin embargo, se trata de un evento histórico porque esta vez ha habido un cambio: el objetivo al que apuntaron las armas. Eso es lo radicalmente novedoso. Si se considera la historia estadounidense, la última vez que el territorio nacional de Estados Unidos sufrió un ataque fue cuando los británicos quemaron Washington en 1814. Es común recordar Pearl Harbor pero no es una buena analogía. Los japoneses bombardearon bases militares ubicadas en dos colonias estadounidenses que fueron sustraídas a sus habitantes de manera bastante poco amable, por ende no atacaron el territorio nacional. Esta vez quien sufrió un ataque a gran escala es el territorio nacional. Se podrán encontrar algunos ejemplos marginales pero éste es realmente único en su tipo.

Durante estos últimos 200 años, Estados Unidos expulsó o casi exterminó a la población indígena –varios millones de personas–, conquistó la mitad de México, llevó a cabo depredaciones en toda la región, en el Caribe y en Centroamérica, y a veces más allá. Conquistó Hawai y las Filipinas, matando a 100.000 filipinos. Desde la Segunda Guerra Mundial Estados Unidos ha extendido su dominio mundial de un modo que no necesito describir. Pero siempre lo hizo matando a otros, con una lucha extramuros.

Europa

En el caso de Europa, el cambio es aún más dramático porque su historia es todavía más horrenda que la nuestra. Básicamente somos un vástago de

Europa. Durante cientos de años, Europa ha estado matando gente alrededor de todo el mundo. Así es como conquistaron el mundo, no lo hicieron regalando caramelos a los niños. Durante ese período, Europa sufrió por cierto guerras sangrientas, pero eran asesinos europeos matándose unos a otros. Durante cientos de años el deporte principal fue asesinarse mutuamente. La única razón por la cual concluyó la matanza en 1945 no tuvo nada que ver con la democracia o con no hacer más la guerra entre sí o cualquier otra noción de moda. Fue porque todos comprendieron que la próxima vez que jugaran el juego sería el fin del mundo. Porque tanto los europeos como nosotros desarrollamos armas masivas de destrucción tan poderosas que indefectiblemente el juego se terminaría. Y así retrocederíamos cientos de años. En el siglo XVII, aproximadamente casi el 40% de toda la población alemana desapareció en un sola guerra. Pero en esa época tan sangrienta, eran europeos matándose unos a otros y europeos matando gente en otras latitudes. El Congo no atacó a Bélgica, India no atacó a Inglaterra, Argelia no atacó a Francia. Por supuesto, existieron pequeñas excepciones, seguramente invisibles comparadas con lo que Europa y EEUU le hacían al resto del mundo. El primer cambio reside entonces en que es la primera vez que las armas apuntaron hacia el otro lado. Y en mi opinión eso explica por qué se ven reacciones tan diversas en ambos lados. El mundo se ve muy distinto según si es usted quien sostiene el látigo o quien viene siendo azotado por él durante cientos de años. Muy distinto. Por eso creo que la sorpresa en Europa y en lo de sus vástagos, como aquí, es muy comprensible. Es un evento histórico pero desafortunadamente no visto a escala. Casi todo el resto del mundo lo mira de manera bastante distinta. No por falta de compasión por las víctimas de esta atrocidad –este sentimiento es casi uniforme– si no por verlo desde otra perspectiva. Algo que quizás querríamos comprender.

3. ¿Qué es la guerra contra el terrorismo?

Consideremos nuestra tercera pregunta, "¿Qué es la guerra contra el terrorismo?", y una pregunta *ad hoc*, "¿qué es el terrorismo?" La guerra contra el terrorismo ha sido descrita en altas esferas como la lucha contra una plaga, un cáncer esparcido por bárbaros, por "depravados enemigos de la mismísima civilización". Comparto este sentimiento. Veinte años atrás la administración Reagan asumió declarando que la guerra contra el terrorismo internacional sería el núcleo de la política exterior estadounidense, describiéndola en términos semejantes a los que yo acabo de mencionar. Y así ocurrió. La administración Reagan respondió a esta plaga difundida por los depravados opuestos a la civilización creando una extraordinaria red terrorista internacional, de una dimensión totalmente novedosa, lo cual generó atrocidades masivas en todo el mundo y sobre las cuales no entraré en detalle en esta ocasión.

La guerra de Reagan y Estados Unidos contra Nicaragua

Solo mencionaré un caso, no el más extremo pero seguramente el menos controvertido. No lo es, debido a las sentencias de la Corte Internacional de Justicia y el Consejo de Seguridad de las Naciones Unidas. Por eso este caso es inobjetable, al menos entre gente con una mínima preocupación por la ley internacional, los derechos humanos, la justicia y otras cuestiones por el estilo. Yo pregunto: ¿cuán a menudo este caso indiscutible ha sido mencionado entre septiembre y octubre de 2001? Y se trata de un caso particularmente relevante porque ofrece un precedente de cómo un estado legítimo respondió de hecho al terrorismo internacional, un hecho también indiscutible. Y fue mucho más extremo que los acontecimientos del 11 de septiembre. Me refiero a la guerra Reagan-EEUU contra Nicaragua que dejó decenas de miles de muertos, un país en ruinas, quizás fuera de toda recuperación.

La respuesta de Nicaragua

Nicaragua respondió, pero no con bombas en Washington: lo hizo llevando su caso a la Corte

Internacional. No tuvieron problemas en presentar evidencias. La Corte Internacional aceptó su caso, falló a su favor, condenó lo que llamó el "uso ilegal de la fuerza" –lo cual es otro término para terrorismo internacional– por parte de Estados Unidos, ordenó a EEUU que detuviese sus crímenes y que pagara indemnizaciones masivas. Por supuesto, Estados Unidos rechazó con total desdén el fallo de la corte y anunció que a partir de ese momento no aceptaría su jurisdicción. Nicaragua recurrió al Consejo de Seguridad de la ONU, que solicitó a todos los estados que respetaran la ley internacional. Nadie fue mencionado pero todo el mundo comprendió. Estados Unidos vetó la resolución. Hoy es el único estado que ha sido a la vez condenado por la Corte por terrorismo internacional y que ha vetado una resolución del Consejo de Seguridad que solicitaba a los estados el respeto de la ley internacional.

Nicaragua acudió luego a la Asamblea General de las Naciones Unidas, donde técnicamente no existe veto, aunque un voto negativo estadounidense sea equivalente a uno. La Asamblea difundió una resolución similar con la oposición de Estados Unidos, Israel y El Salvador. Al año siguiente Estados Unidos apenas pudo sumar a su causa a Israel, por ende sólo dos votos se opusieron al respeto de la ley internacional. A esa altura Nicaragua ya no tenía más herramientas legales. Intentó por todos los medios. Pero por lo visto, en un mundo regido por la fuerza eso no funciona.

Además de ser indiscutible, este caso es sin duda el más extremo. Ganaríamos mucha percepción como cultura y sociedad al preguntarnos: ¿cuánto sabemos acerca de todo esto? ¿Cuánto hablamos al respecto? ¿Cuánto se aprende acerca de esto en la escuela? ¿Cuán a menudo aparece en la tapa de los medios?

Estados Unidos respondió ante la Corte Internacional y el Consejo de Seguridad intensificando la guerra muy rápidamente. Por primera vez fueron dadas órdenes oficiales al ejército terrorista de atacar los llamados "blancos suaves", es decir blancos civiles indefensos, y de alejarse del ejército nicaragüense. Fueron capaces de hacerlo porque EEUU tenía control total del espacio aéreo nicaragüense y el ejército de mercenarios contaba con equipos de comunicación de avanzada. No era una guerrilla en el sentido común. Podía recibir instrucciones acerca de la disposición del ejército nicaragüense para así poder atacar colectividades agrícolas, clínicas de salud, etc.: blancos suaves, con total impunidad. Esas fueron las órdenes oficiales.

¿Cuál fue la reacción en Estados Unidos?

La política llevada a cabo fue considerada razonable por la opinión pública liberal. De esa manera,

Michael Kinsley, representante de la izquierda en el debate público, escribió un artículo en el cual decía que no deberíamos criticar esa política tal como lo había hecho Human Rights Watch. Mencionó que una "política razonable" debería "sortear la prueba de un análisis costo-beneficio", esto es, el análisis de "la cantidad de sangre y miseria derramadas, y las chances finales de emergencia de la democracia". La democracia, tal como Estados Unidos entiende el término, y como resulta gráficamente ilustrado en la situación de los países limítrofes. No deja de ser arbitrario el hecho de que Estados Unidos y sus elites tengan el derecho de llevar a cabo el análisis y de perseguir el proyecto en caso de sortear sus pruebas.

Y pasó las pruebas. Funcionó. Cuando finalmente Nicaragua sucumbió a los ataques superpoderosos, los comentaristas alabaron abierta y alegremente el éxito de los métodos adoptados. Por sólo tomar un medio citaré a la revista *Time*, que se congratuló por la estrategia empleada: "para hacer naufragar y llevar a cabo una larga y mortífera guerra hasta que los nativos echaran ellos mismos al gobierno indeseado" con un costo "mínimo" para nosotros, y dejando a las víctimas "con puentes destrozados, centrales eléctricas saboteadas y chacras arruinadas", otorgando al candidato estadounidense "una salida ganadora, dando fin al empobrecimiento del pueblo de Nicaragua". Por su lado, el

New York Times publicó una nota titulada "Estadounidenses Unidos en la Alegría".

El Terrorismo funciona
No es el arma de los pobres

Esta es la cultura en la que vivimos y revela varios hechos. Uno es que el terrorismo funciona. No fracasa. Funciona. Habitualmente la violencia funciona. Así lo ha demostrado la historia del mundo. En segundo lugar, es un error de análisis muy serio decir que el terrorismo es el arma de los pobres. Como otros métodos violentos, es en primer lugar y por lejos el arma de los ricos. Se lo suele considerar como el arma de los pobres porque los fuertes también controlan los sistemas doctrinales y porque el terror que ejercen no es considerado como tal. Tómese el ejemplo de los nazis. No ejercían el terror dentro de la Europa ocupada. Ellos protegían a las poblaciones de los terrorismos de los partidarios de la resistencia. Al igual que en otros movimientos, existía el terrorismo. Los nazis ejercían el contraterrorismo. Estados Unidos estuvo de acuerdo con eso. Luego de la Segunda Guerra Mundial, el ejército estadounidense estudió exhaustivamente las operaciones de contraterrorismo nazi en Europa. A tal punto que EEUU las incorporó y aplicó, a menudo en contra de los mismos objetivos, la ex resistencia.

Con el asesoramiento de los oficiales de la Wermarcht traídos a EEUU, los métodos de los nazis alimentaron los manuales de contrainsurgencia, contraterrorismo y conflictos de baja intensidad. Hoy estos procedimientos y manuales son utilizados corrientemente. El terrorismo es entonces el arma de aquellos que están en contra "nuestra", quienquiera sea ese "nosotros". Y si alguien encuentra una excepción histórica, me interesaría analizarla.

La naturaleza de nuestra cultura
Cómo consideramos al terrorismo

Un indicio interesante de la naturaleza de nuestra cultura, nuestra cultura superior, es la manera en que toda esta cuestión es abordada. Lo que generalmente se hace es suprimirla. De tal forma que a esta altura casi nadie ha oído hablar del tema. El poder de la propaganda y de la doctrina estadounidenses es tan fuerte que inclusive entre las víctimas el hecho es poco conocido. Quiero decir, cuando usted habla del tema con gente en Argentina, tiene que tomarse el trabajo de recordárselo. "Ah, claro, eso sucedió. Lo habíamos olvidado.", le contestarán. Es algo que está profundamente anulado. Las consecuencias del monopolio de la violencia pueden llegar a ser muy poderosas en términos ideológicos.

La idea de que Nicaragua tiene que poder defenderse

Una de las ideas luminosas de nuestra actitud hacia el terrorismo es la reacción frente a la idea de que Nicaragua puede llegar a tener el derecho de defenderse. Esto fue considerado algo terrible. No existe ningún dato en la opinión generalizada que indique que Nicaragua puede llegar a tener tal derecho. Y esto fue manejado por la administración Reagan y su propaganda. Periódicamente echaban a rodar rumores indicando que los nicaragüenses recibían jets MIG de Rusia. Así, en EEUU los halcones y las palomas estaban divididos. Los primeros decían, "OK, hay que bombardearlos". La palomas decían "Aguarden un poco. Asegurémonos de que los rumores son ciertos. Y si lo fueran entonces sí a los bombardeos. Porque ellos representan una amenaza para EEUU". ¿Por qué recibían MIGs? Intentaron conseguir aviones jet de los países europeos pero EEUU presionó a sus aliados para que no les enviaran medios de defensa porque querían que los nicaragüenses acudieran a los rusos, situación ideal para los fines de la propaganda. Así se convertirían en una amenaza. En 1985 EEUU declaró una emergencia nacional para proteger el país de la amenaza nicaragüense. La idea que Nicaragua debía tener el permiso de defender su propio espacio aéreo del ataque de un superpoder que estaba comandando fuerzas terroristas para que atacaran blancos civiles indefensos era considerada como terrible. Las excepciones son tan pocas que prácticamente podría enumerarlas.

Honduras. La designación de John Negroponte como embajador de las Naciones Unidas

Otro indicio de cómo consideramos al terrorismo tiene lugar ahora mismo. EEUU designó como líder de la guerra contra el terrorismo a un embajador de las Naciones Unidas. Su nombre es John Negroponte. Era el embajador de EEUU en Honduras a comienzos de los años '80. Se dijo que él debió de estar al tanto, como seguramente lo estuvo, de los asesinatos a gran escala y otras atrocidades de las fuerzas de seguridad hondureñas que EEUU apoyaba. Pero eso es solo una pequeña parte. Como procónsul de Honduras, Negroponte era el supervisor local de la guerra terrorista llevada a cabo en ese país, por la cual su gobierno fue condenado por la Corte Internacional y luego por el Consejo de Seguridad en una resolución vetada. Y acaba de ser nombrado como embajador de las Naciones Unidas para liderar la guerra contra el terror.

Después de que EEUU tomara el control de Nicaragua durante los años '80, este país se encontraba en gran parte destruido. Desde entonces ha colapsado totalmente. Su economía y su democracia han empeorado. Hoy es el segundo país más pobre del hemisferio. Como ya dije, he escogido a Nicaragua por ser un caso indiscutible. Si se analizan otras naciones de la región, el estado de terror fue mucho más extremo aun y nos conduce a Washington.

Los ataques sudafricanos respaldados por EEUU y Gran Bretaña

Durante la gestión de Reagan, los ataques de Sudáfrica, apoyados por EEUU y Gran Bretaña, en contra de los países vecinos tuvieron como balance cerca de 1,5 millón de muertos y dejaron 60 mil millones de dólares en daños y destrucciones. Si recorriéramos el planeta encontraríamos más ejemplos. Esta es la primera guerra en contra del terror del cual di un pequeño ejemplo. ¿Tenemos que prestarle atención? Después de todo no es historia antigua.

Haití, Guatemala y Nicaragua

El país más pobre del mundo es Haití, y también fue víctima de las intervenciones estadounidenses durante el siglo XX. Lo dejamos totalmente devastado. En niveles de pobreza, Nicaragua por su lado disputa el segundo puesto con Guatemala. Rivalizan en la carrera por ser el blanco preferido de la intervención estadounidense. Y nosotros tenemos que creer que todo esto es una suerte de accidente, de fatalidad. Que nada tiene que ver con los antecedentes históricos. Quizás.

Colombia y Turquía

El peor violador de derechos humanos en los años '90 y el principal receptor de la ayuda militar estadounidense fue Colombia. Excluyendo a Israel y Egipto, que pertenecen a otra categoría, en 1999 Colombia reemplazó a Turquía como país que más armas recibió de EEUU. Esto aclara mucho acerca de la guerra contra el terror.

¿Por qué Turquía se armaba tanto? En realidad este país siempre recibió mucho armamento estadounidense. Su emplazamiento es estratégico, es miembro de la OTAN. Pero el tráfico de armas (jets, tanques, entrenamiento militar) hacia Turquía se incrementó mucho en 1984 y se mantuvo elevado hasta 1999. Y esto evidentemente no guardaba relación con la Guerra Fría.

¿Qué ocurrió en ese período? En 1984, Turquía lanzó una guerra terrorista fenomenal contra los kurdos del sudeste. El año pico fue 1997, cuando la ayuda estadounidense superó a la de todo el período 1950-1983, época de la Guerra Fría, lo cual no deja de ser un indicador de cómo ésta influía en la política exterior. Los resultados fueron pavorosos: 2 a 3 millones de refugiados. Una de las peores limpiezas étnicas de fines de los '90. Decenas de miles de muertos, 3500 ciudades y pueblos destruidos, mucho más que Kosovo inclusive bajo los bombardeos de la OTAN. Estados Unidos proveyó el 80% de las armas.

En 1999, la operación disminuyó, ya que una vez más el terror funcionó –como suele hacerlo cuando es aplicado por sus agentes más poderosos. En ese momento, Turquía fue reemplazada por Colombia que aún no triunfó en su guerra terrorista.

Autocongratulación
por parte de los intelectuales occidentales

Lo que vuelve a todo esta realidad más impresionante es que la escena tenía lugar en el seno de una gran avalancha de autocongratulación de parte de los intelectuales occidentales, probablemente algo sin parangón histórico. Irrumpió una masiva autoadulación acerca de cómo por primera vez en la historia éramos tan magníficos. Defendemos principios y valores, dedicados a erradicar la inhumanidad en todo el planeta. Y por supuesto no podemos tolerar atrocidades cerca de las fronteras de la OTAN. Sólo en su interior, donde no sólo las toleramos sino que contribuimos a ellas. También resulta interesante estudiar cuán a menudo esto fue analizado. Para un sistema de propaganda de una sociedad libre constituye una hazaña muy impresionante lidiar con esto. Es asombroso. No creo que pueda hacerse en un estado totalitario.

Turquía está muy agradecida

A comienzos de octubre el primer ministro turco Bulent Ecevit anunció con gran satisfacción que su país se uniría a la coalición en contra del terror, comprometiendo tropas, como lo hizo en Serbia. Justificó la decisión por la gran deuda que su país mantiene con EEUU, que ayudó a Turquía en su propia guerra "contraterrorista", es decir, en sus propias y masivas limpiezas étnicas y demás atrocidades. Otros países ayudaron un poco pero se mantuvieron alejados. EEUU, por su parte, contribuyó con mucho entusiasmo y lo pudo hacer por el silencio –servilismo es el término adecuado– de sus clases más educadas, quienes fácilmente se podrían informar al respecto. Después de todo, ¿no es éste un país libre? Aquí se pueden leer los reportes de derechos humanos, toda clase de información. Pero elegimos contribuir con las atrocidades. Turquía fue ampliamente alabada por usar los F-16 que nosotros le dimos para bombardear Serbia, exactamente del mismo modo que lo hizo en contra de su propia población hasta lograr aplastar el terror interno, tal como lo llaman. Y como de costumbre, la resistencia incluye el terror. Así fue durante la revolución americana.

Así es en todos los casos que conozco. Pero todos aquellos que tienen el monopolio de la violencia hablan de ellos mismos como de los que llevan a cabo el contraterrorismo.

La coalición que incluye a Argelia, Rusia, China e Indonesia

Resulta muy interesante analizar cómo describen algunos medios a la nueva coalición que combate al terrorismo. Por ejemplo, el *Christian Science Monitor* del 18 de octubre de 2001, un buen diario, que posee una de las mejores coberturas internacionales. La nota de tapa describe cómo la gente no quería a EEUU pero ahora comienza a respetarlo. Están muy conformes sobre cómo EEUU está liderando esta nueva guerra. Y el ejemplo principal que toman –de hecho, el único ejemplo serio: los otros son un chiste– es Argelia, muy entusiasmada con la guerra estadounidense contra el terror. El autor de este artículo es un experto en Africa. Debe saber que Argelia constituye uno de los estados terroristas más viciosos del mundo y que ha ejercido un horrendo terrorismo en contra de su propia población en los últimos años. Durante un tiempo esto se mantuvo oculto, pero finalmente fue revelado en Francia por desertores del ejército argelino. En cambio nosotros nos mostramos muy orgullosos porque uno de los peores estados terroristas en el mundo aplaude la guerra estadounidense contra el terror. Esto demuestra cuán populares estamos siendo.

Si se analiza la coalición que se formó para combatir el terror se descubren muchos detalles. Uno de ellos, Rusia, encantada de contar con el apoyo de EEUU en su guerra terrorista criminal en Chechenia. China se une entusiasmada y agradecida por el apoyo a las atrocidades que lleva a cabo en el oeste de su territorio, en contra de lo que llama los musulmanes separatistas. Turquía también, como experta en el tema, está muy feliz. Argelia e Indonesia por su parte disfrutan del apoyo estadounidense por las atrocidades cometidas en Ache (Indonesia) y otras localidades. Los países que se han unido a la coalición tienen una característica en común: lideran el grupo de los estados terroristas y en esta ocasión están guiados por el campeón mundial.

¿Qué es el terrorismo?

Existen respuestas fáciles a esta pregunta. Hay una definición oficial en el código estadounidense o bien en los manuales del ejército. Allí el terror es el uso calculado de la violencia o la amenaza del uso de la violencia para alcanzar objetivos ideológicos, políticos o religiosos a través de la intimidación, la coerción o el miedo. Eso es terrorismo. Es una definición bastante honesta. El problema es que no puede aceptarse porque de allí se desprenden todas las falsas consecuencias. Por ejemplo, las que enumeré antes. Hoy en día existe un gran esfuerzo en las Naciones Unidas para desarrollar un tratado comprensivo sobre el terrorismo. Cuando Kofi Annan ganó el premio Nobel de la Paz en octubre de 2001 declaró que deberíamos dejar de perder tiempo y terminar ese documento. Pero hay un problema. Si se usa la definición oficial de terrorismo en el tratado, se obtendrán falsos resultados. De hecho, la cuestión es aún peor. Al analizar la definición de "Guerra de Baja Intensidad", que es la política oficial de EEUU, uno encuentra que es una paráfrasis de lo que acabo de mencionar. "Conflictos de Baja Intensidad" supone otra definición de terrorismo. Por eso es que todos los países que cometen actos horrendos los llaman "Contraterrorismo". Nosotros lo llamamos "Contrainsurgencia" o "Conflicto de Baja Intensidad". He aquí un problema. No se pueden usar las definiciones actuales. Hay que encontrar una que no tenga consecuencias erróneas.

¿Por qué EEUU e Israel votaron en contra de la máxima resolución de condena al terrorismo?

En diciembre de 1987, en el pico de la guerra contra el terrorismo, la Asamblea General de las Naciones Unidas emitió una muy fuerte resolución en contra del terrorismo, condenando la plaga con los términos más duros, llamando a cada estado a combatirlo. Fue aprobada por unanimidad con la abstención de Honduras, mientras que EEUU e Israel votaron en contra. ¿Por qué? Pues porque existe dentro de la resolución un párrafo en el que se menciona que nada en ella infringe el derecho de la gente de luchar contra el racismo y los regímenes coloniales o contra la ocupación militar extranjera y de continuar con su resistencia con la ayuda de otros estados. EEUU e Israel no pueden aceptar eso. La principal causa por la que no podían hacerlo en su momento era Sudáfrica, considerada aliada. Pero existía una fuerza terrorista en Sudáfrica llamada Congreso Nacional Africano (CNA). Oficialmente era una fuerza terrorista. Sudáfrica era un aliado y por cierto no podíamos apoyar acciones de un grupo terrorista en lucha contra un régimen racista. Hubiera sido imposible. Existe además otro motivo, los territorios ocupados israelíes, desde hace 35 años ya. Una realidad apoyada por EEUU que bloquea un acuerdo diplomático desde hace 30 años. Por otro lado, en esa época Israel ocupaba el sur del Líbano y era resistido por el Hezbollah, considerado por EEUU una fuerza terrorista, que luego tendría éxito al lograr el retiro de las tropas israelíes. EEUU no puede permitirle a nadie luchar contra una ocupación militar que él apoya, por eso tuvo que votar junto con Israel en contra de la resolución. Y, como ya lo he mencionado, un voto en contra de EEUU es equivalente a un veto. Nada de esto fue informado ni apareció en los anales del terrorismo. Si se apela a los artículos acerca del terrorismo se verá que no figura nada de lo que refiero. La razón es que designan como portadores de las armas a la gente equivocada. Las definiciones y el conocimiento que se necesitan para llegar a las conclusiones correctas deben elaborarse con mucho cuidado; de otro modo no se trata de una erudición correcta ni de un periodismo digno. Estos son algunos de los problemas que impiden el esfuerzo de desarrollar un tratado comprensivo sobre el terrorismo. Quizás debamos tener una conferencia académica para ver si logramos una definición de la cual surjan las respuestas correctas. Pero no creo que resulte fácil.

4. ¿Cuáles son los orígenes del crimen del 11 de septiembre?

En este punto debemos distinguir dos categorías. Los actuales agentes del crimen y la reserva –de simpatía y a veces de apoyo– que existe entre la gente que se opone a los criminales y sus actos.

Categoría 1: Los posibles responsables

Con respecto a los responsables del crimen de alguna manera no queda claro quiénes son. EEUU no quiere o no puede dar evidencias claras. Hubo una *mise en scène* una o dos semanas atrás cuando Tony Blair intentó dar una explicación, no sé con qué propósito. Quizás para que EEUU se mostrara como poseedor de una evidencia secreta o para que Tony Blair adoptara poses típicamente "churchillianas". Sean cuales fueren las razones de comunicación, Blair dio una presentación que fue considerada tan absurda en algunos círculos serios que apenas fue mencionada. El *Wall Street Journal* –uno de los diarios más serios– publicó un pequeño artículo en la página 12. Creo, a raíz de lo que señalaron, que no había demasiada evidencia y luego citaron algunos altos oficiales estadounidenses diciendo que no importaba la existencia o no de evidencia ya que de todos modos responderían atacando. Entonces, ¿para qué molestarse con la evidencia? La prensa más ideológica –como el *New York Times*– publicó titulares de primera plana al respecto. La actitud del *Wall Street Journal* fue razonable y si se considera la presunta evidencia se puede comprender por qué. Pero supongamos que todo eso sea cierto. Me parece sorprendente la debilidad de la evidencia. Creo que se podría llegar a un mejor resultado sin necesidad de ningún servicio de inteligencia. De hecho, hay que recordar que esto se dio luego de semanas de investigación, la más intensa de la historia de todos los servicios de inteligencia del mundo occidental, trabajando horas extras para tratar de armar una hipótesis. Y fue un *prima facie*, un caso muy fuerte incluso antes de poder construir cualquier evidencia. Y concluyó donde había comenzado, con un caso *prima facie*. Por eso, asumiendo que sea cierto, que resulte obvio desde el primer día que los actuales responsables son radicales islámicos, al menos una parte significativa de ellos, si estuvieron involucrados o no, nadie lo sabe. Pero en realidad no importa demasiado.

¿De dónde vienen los terroristas?

Nadie lo sabe mejor que la CIA, porque los ayudó a organizarse y los nutrió durante mucho tiempo. Fueron reunidos en los años '80 por la CIA y sus asociados en el mundo: Pakistán, Gran Bretaña, Francia, Arabia Saudita, Egipto y China. Quizás estuvieron involucrados desde 1978. La idea entonces era acosar a los rusos, el enemigo común. Según el consejero de seguridad nacional del presidente Carter, Zbigniew Brzezinski, EEUU se comprometió en 1979. En diciembre, Rusia invadió Afganistán. Según Brzezinski, el apoyo estadounidense a la lucha de los mujahedin contra el gobierno comenzó 6 meses antes, hecho del cual está muy orgulloso. Según sus palabras, al apoyar a los mujahedin llevamos a los rusos a la trampa afgana. Así pudimos desarrollar esa tremenda arma mercenaria, unos 100.000 hombres fanáticos de Africa del norte, Arabia Saudita, de donde fueran. A menudo eran llamados "afghanis" pero muchos de ellos, como Bin Laden, no lo eran. Eran traídos por la CIA y sus amigos. No sé si Brzezinski dice o no la verdad. Quizás se esté jactando, aparentemente con bastante orgullo, conociendo las consecuencias. Pero quizás sea cierto. Lo sabremos algún día, si los documentos salen a la luz. De todas formas, ésa es su percepción. En enero de 1980 no había duda alguna de que EEUU estaba organizando a los "afghanis" y a su fuerza masiva militar para tratar de perjudicar al máximo a los rusos. Para los afganos era legítimo combatir la invasión rusa. Sin embargo, la intervención estadounidense no les era de gran ayuda. De hecho, colaboró fuertemente a la destrucción del país. Finalmente, los "afghanis" obligaron a los rusos a retirarse. Mientras tanto, las fuerzas terroristas que la CIA estaba organizando, armando y entrenando seguían su propia agenda. No era ningún secreto. Uno de los primeros actos ocurrió en 1981 cuando asesinaron al presidente egipcio Anuar al Sadat, uno de sus creadores más entusiastas. En 1983 un hombre-bomba, probablemente ligado a ese atentado, nadie lo sabe, obligó al ejército estadounidense a retirarse del Líbano. Y la función continuó. Esta gente tenía su propia agenda. EEUU estaba encantado de movilizarlos para que pelearan por su causa, pero al mismo tiempo ellos seguían otro plan. Luego de 1989, cuando los rusos se retiraron, se dirigieron hacia otras regiones: Chechenia, China occidental, Bosnia, Cachemira, el sudeste asiático, Africa del norte.

Nos están diciendo qué piensan

Estados Unidos quiere acallar al único canal de televisión libre en el mundo árabe porque está transmitiendo un enorme rango de noticias, desde Powell hasta Osama Bin Laden. Es así que EEUU ahora se une a los regímenes árabes represores que ejercen la censura. Pero vale la pena escuchar lo que dice Bin Laden. Hay muchas entrevistas hechas por periodistas occidentales muy importantes, entre ellos Robert Fisk. Y lo que ha venido diciendo es muy consistente. No es el único, pero es quizás el más elocuente. Existen razones para tomarlo en serio. Su principal enemigo es lo que ellos llaman los regímenes autoritarios brutales corruptos y opresores del mundo árabe. Quieren reemplazarlos por gobiernos islámicos. Es ahí donde pierden el apoyo de la gente de la región. Pero hasta allí están con él. Desde su punto de vista, ni siquiera Arabia Saudita, el estado más fundamentalista, más que los talibanes que constituyen una ramificación, es suficientemente islámico.

Claro que en ese aspecto Bin Laden y sus seguidores obtienen poco respaldo, pero fuera de ese punto cuentan con un apoyo masivo. Además quieren defender a los musulmanes en todo el mundo. Odian a los rusos, pero apenas éstos se retiraron de Afganistán detuvieron los ataques terroristas en Rusia que lanzaban con el apoyo de la CIA. Se desplazaron a Chechenia, donde defienden a musulmanes de una invasión rusa. Lo mismo con los otras regiones mencionadas. Según su punto de vista, defienden a los musulmanes contra los infieles. Se mantienen muy claros al respecto y esto es lo que han venido haciendo.

¿Por qué se volvieron contra EEUU?

Esto está relacionado con lo que ellos llaman la invasión estadounidense a Arabia Saudita. En 1990, EEUU estableció allí bases militares permanentes, lo cual desde su punto de vista es equiparable a la invasión rusa de Afganistán, con la diferencia de que Arabia Saudita es mucho más importante. Es el país que alberga los lugares más sagrados del Islam. En ese momento sus actividades se volvieron contra EEUU. En 1993 intentaron volar el World Trade Center. Cumplieron parte de un plan que incluía hacer estallar el edificio de las Naciones Unidas, los túneles Lincoln y Holland, el edificio del FBI, y creo que había más en la lista. Una de las personas que fue atrapada y está en prisión es un clérigo egipcio, traído a EEUU a pesar de las objeciones del Servicio de Inmigración, gracias a la intervención de la CIA, que quería ayudar a su amigo. Un par de años más tarde, el hombre hacía estallar el World Trade Center. La lista de casos es extensa y se refleja en una práctica de 20 años. No hay razón para no tomarlo en serio. Esta es la primera categoría: los probables responsables.

Categoría 2: ¿qué hay de las reservas de apoyo?

Uno de los hechos positivos posteriores al 11 de septiembre es que parte de la prensa puso al descubierto estas cuestiones. A mi juicio la mejor fue la actitud del *Wall Street Journal*, que publicó enseguida informes serios sobre las razones por las cuales la gente de la región, por más que odie a Bin Laden y desprecie todo lo que hace, de todas maneras lo apoya de muchas formas y hasta lo considera como la conciencia del Islam. Hay que reconocer que ni el *Wall Street Journal* ni los demás medios están encuestando a la opinión pública. Encuestan la opinión de sus amigos: banqueros, profesionales, abogados internacionales, hombres de negocios ligados a EEUU, gente que entrevistan en McDonald's –que es allí un restaurant elegante– y que lleva ropa estadounidense a la moda. Ese es el tipo de personas que entrevistan porque quieren conocer sus actitudes. Y su comportamiento es claro: y en muchas ocasiones está en sintonía con el mensaje de Bin Laden. Están muy enojados con EEUU por su apoyo a los regímenes autoritarios y brutales, su intervención destinada a obstruir todo movimiento hacia la democracia, y a detener el desarrollo económico, sus políticas de devastación de las sociedades civiles iraquíes, su apoyo a Saddam Hussein en la época en que cometía sus peores atrocidades, incluida la aniquilación de los kurdos, algo que Bin Laden menciona siempre y que ellos conocen, por más que nosotros no lo queramos. Y por supuesto, el apoyo estadounidense a la ocupación militar israelí severa y brutal. EEUU ha estado proveyendo el soporte económico, militar y diplomático y sigue haciéndolo. Ellos lo saben y no les gusta. Cuando Bin Laden da estas razones, la gente las reconoce y las apoya.

Pero ésa no es la forma en que la gente de aquí quiere verlo, al menos la opinión educada liberal. Les gusta la línea trazada en la prensa, principalmente por los liberales. No hice un estudio profundo, pero considero que la opinión del ala derecha ha sido por lo general más honesta. Ronald Steel, un intelectual de izquierda liberal bastante serio se preguntaba: "¿Por qué nos odian?", creo que el mismo día en que el *Wall Street Journal* publicó su encuesta sobre por qué nos detestaban. Steel contestaba: "nos odian porque lideramos un nuevo orden mundial de capitalismo, individualismo, secularismo y democracia que debería constituirse en la norma universal". Por eso nos odian. Mientras tanto, en el *Wall Street Journal* se podía leer la opinión de banqueros, profesionales, abogados internacionales diciendo: "miren, los odiamos porque ustedes están bloqueando la democracia, el desarrollo económico, están apoyando regímenes brutales, terroristas". Un par de días más tarde, Anthony Lewis, también un hombre de izquierda, explicó que el terrorista sólo busca "un nihilismo apocalíptico", sólo eso importa. Según

Lewis, la única consecuencia dolorosa de nuestras acciones es que se vuelve más complicado que los árabes se unan a la coalición antiterrorista. Pero más allá de eso, todo lo que hagamos es irrelevante.

Si queremos vivir con la cabeza enterrada en la arena y pretender que nos odian porque se oponen a la globalización y por eso asesinaron a Sadat veinte años atrás, combatieron a los rusos e intentaron volar el World Trade Center en 1993, adelante. Y hablamos de gente que se encuentra en el seno de la globalización corporativa, pero si se quiere creer eso, claro, es consolador. La ventaja de verlo así es que nos hace sentir bien y muestra cuán maravillosos somos. Permite evadir las consecuencias de nuestros actos. Pero es la mejor forma de asegurarse el incremento de la violencia, la violencia tribal. Me hiciste algo, te haré algo peor. No me importan las razones. Seguimos en esa vía, la de la opinión de la izquierda liberal.

5. ¿Cuáles son las opciones políticas?

Existen algunas. Una de ellas consistía en haber seguido desde el comienzo el consejo de radicales en serio como el Papa [risas]. El Vaticano declaró enseguida: "esto es un crimen terrorista horrible". Y como en todo acto criminal, se trata de encontrar a los culpables y llevarlos a la justicia. No hay que matar a civiles inocentes. Es como si yo sufriera un robo en mi casa y creyera que el culpable se encuentra en el vecindario, en la vereda de enfrente. No puedo salir con un rifle y matar a todos. Esa no es la manera de enfrentar el crimen, sin importar sus dimensiones, pequeño o masivo como lo fue la guerra terrorista de EEUU contra Nicaragua. Existen muchos antecedentes. Mencioné el de Nicaragua, un estado legítimo, quizás por eso hayamos tenido que destruirlo, lo cual fue consecuente con los principios correctos. Esa vez no condujo a nada porque se dirigía a un poder que no iba a permitir procedimientos legítimos. Pero si EEUU intentara perseguirlos, nadie los detendría. Al contrario, todo el mundo aplaudiría.

Las bombas del IRA en Londres

Cuando el IRA hizo estallar bombas en Londres –lo cual es muy serio–, Gran Bretaña podría –más allá de que no hubiera sido posible– haber respondido destruyendo Boston, fuente principal de financiamiento de la organización irlandesa. También podría haber barrido con Belfast Oeste. Más allá de la factibilidad, hubiera sido una idiotez criminal. Ellos siguieron un método más acorde, encontrar a los responsables, juzgarlos y buscar las causas. Porque estas cosas no surgen de la nada. Ya sea un crimen callejero o uno terrorista. Existen razones. Y generalmente, cuando se las considera, algunas son legítimas y deberían ser atendidas, independientemente del crimen. Esa es la manera de proceder. Pero el problema es que EEUU no reconoce la jurisdicción de las instituciones internacionales. Por eso no puede acudir a ellas. Rechazó la competencia de la Corte Internacional. Es lo suficientemente poderoso como para instaurar una Corte nueva. Pero hay un problema con esto, se necesitan evidencias, y no a Tony Blair hablando en televisión. Esa es la parte más difícil: las pruebas pueden ser imposibles de encontrar.

Resistencia sin líderes

Es probable que quienes hayan perpetrado los atentados se hayan matado. Nadie lo sabe mejor que la CIA. Se trata de redes descentralizadas sin jerarquías. Siguen un principio llamado "resistencia sin líderes", desarrollado por los terroristas de Christian Right en EEUU. Son pequeños grupos que actúan, no hablan con nadie. Se mueven en un marco general de presunciones y luego ejecutan. Hoy en día la gente del movimiento antiguerra conoce bien esto. Solíamos llamarlos "grupos de afinidad". Si por ejemplo usted supone que su grupo, cualquiera sea, está siendo infiltrado por el FBI, cuando algo serio sucede no lo manifiesta en una reunión abierta. Lo hace con gente en quien confía, un grupo de afinidad y así el grupo no puede ser infiltrado. Es por eso que el FBI nunca ha podido descubrir qué ocurre dentro de los movimientos populares. Lo mismo para otras centrales de inteligencia. Las redes descentralizadas son muy difíciles de infiltrar. Es entonces muy probable que las autoridades no sepan mucho. Cuando Osama Bin Laden dice que no está involucrado, eso es algo perfectamente posible. De hecho, cuesta imaginar que un hombre en una gruta en Afganistán, sin siquiera una radio o un teléfono haya podido planear una operación tan sofisticada como la de los atentados del 11 de septiembre. Será muy difícil encontrar evidencias.

Estableciendo credibilidad

EEUU no quiere presentar evidencias porque pretende actuar sin ellas. Es una parte crucial de la reacción. De hecho, esta vez EEUU no solicitó la autorización del Consejo de Seguridad de la ONU, cosa que ahora sí hubiera obtenido, porque los otros miembros también son estados terroristas. Rusia no iba a vetar el aval. Pero EEUU no quería contar con ese acuerdo porque sigue un principio de larga data que no es de George W. Bush; también estuvo vigente durante la administración Clinton y se remonta mucho más lejos aun: consiste en creer que tenemos el derecho de actuar unilateralmente. Por eso no queremos autorización internacional, no nos importan ni las evidencias, ni las negociaciones, ni los tratados. Somos el tipo más fuerte, el matón del barrio. Hacemos lo que nos da la gana. La autorización es una mala idea y por eso hay que obviarla. Inclusive existe una fórmula técnica descriptiva llamada "estableciendo credibilidad". Hay que hacerlo. Es un factor importante dentro de mucha políticas. Fue la razón oficial dada durante la guerra de los Balcanes y la más plausible.

Si usted quiere saber qué significa "credibilidad" pregúntele a su capo mafia favorito. Se lo explicará. Lo mismo rige en los asuntos internacionales, sólo que de eso se habla en las universidades con palabras grandilocuentes. Pero básicamente es el mismo principio. Tiene sentido y usualmente funciona. El principal historiador que ha escrito al respecto en los últimos años es Charles Tilly con un libro llamado *Coerción, capital y los estados europeos: 990-1990* [2]. Señala que la violencia ha sido el principio rector europeo durante cientos de años porque funciona. De hecho es razonable. Cuando se tiene un apabullante predominio de violencia y una cultura violenta como soporte, casi siempre funciona. Aquí reside el principal escollo cuando alguien pretende que sigamos un camino legal. Y si usted ha tratado de hacerlo se encuentra frente a escenarios muy peligrosos. Es igual que EEUU pidiéndole a los talibanes que entreguen a Bin Laden. Ellos responden de una forma vista por occidente como absurda. Nos dicen

---

[2] Editado en castellano por Alianza Editorial en 1992 (N. del E.)

"de acuerdo, pero primero entreguen evidencias de su culpabilidad". Pero ¿cómo se atreven a pedir evidencias? Si alguien le pidiera a EEUU que entregue a una persona, lo haría de inmediato. No pediríamos evidencias [risas].

Haití

En los últimos años, Haití ha solicitado a EEUU que extradite al asesino Emmanuel Constant, responsable de la matanza de 4000 a 5000 personas durante los años '90 mientras gobernaba la junta, que casualmente contaba con el apoyo de las administraciones Bush y Clinton. Hay plena evidencia de que es un asesino. Ha sido juzgado y sentenciado en Haití, que le pide a EEUU que lo entregue. Nunca hubo demasiada información o discusión al respecto. Hace poco Haití renovó su pedido formal, esto no fue mencionado en ningún lado. ¿Por qué deberíamos entregar a un asesino condenado? Si lo hacemos, quién sabe, quizás hable y diga que recibió ayuda y financiamiento de la CIA, lo cual es probablemente cierto. No queremos abrir esa puerta. Y Constant no es el único.

Costa Rica

En los últimos 15 años, Costa Rica ha estado intentando que EEUU entregue a John Hull, un terrateniente estadounidense acusado de crímenes terroristas. Según lo acusan con buena evidencia, él utilizaba sus tierras en Costa Rica como base de operaciones para la guerra estadounidense contra Nicaragua, lo cual –recuerden– no es una conclusión controvertida. La Corte Internacional y el Consejo de Seguridad han intentado que EEUU entregue a Hull. ¿Oyeron algo al respecto? No.

Costa Rica confiscó la tierra de otro terrateniente estadounidense, John Hamilton. Le pagaron una indemnización. EEUU la rechazó. Convirtieron sus tierras en un parque nacional porque también eran usadas como bases militares contra Nicaragua. Costa Rica fue castigada por eso siendo privada de ayuda. EEUU no acepta ese tipo de insubordinación de sus aliados. La puerta abierta de las preguntas relacionadas con extradiciones conduce a sitios poco placenteros. Por eso no puede hacerse.

Las reacciones en Afganistán

La respuesta inicial a los atentados del 11 de septiembre iba a ser un ataque masivo contra Afganistán y otros países de la región, lo cual mataría a mucha gente. Con criterio, la administración Bush dio marcha atrás. Todos los líderes extranjeros, la OTAN, cada especialista, supongo que su propio servicio de inteligencia también, le advirtieron que sería la respuesta más estúpida que podría tener. Sería equivalente a abrir oficinas de inscripción de simpatizantes de Bin Laden en toda la región. Eso es exactamente lo que él quiere y dañaría mucho los intereses estadounidenses. Por eso dieron marcha atrás. Y optaron por lo que llamé anteriormente un "genocidio silencioso".

Una propuesta muy delicada que puede llegar a ser considerada y defendida por afganos expatriados y líderes de algunas tribus es montar una iniciativa de la ONU que mantenga alejados a Rusia y a EEUU, los dos países que prácticamente arrasaron con Afganistán en los últimos 20 años. En realidad deberían mantenerse alejados y pagar grandes reparaciones. Es probable que una iniciativa de las Naciones Unidas que intente construir algo a partir de las ruinas funcione con mucho apoyo y sin interferencias. Si EEUU insiste en seguir con su operativo, es probable que abandone luego el barco. Tenemos antecedentes.

Al comienzo, el nombre de la operación contra Bin Laden iba a ser una "Cruzada", hasta que algunos especialistas en comunicación le avisaron a Bush que no funcionaría. Luego pasó a llamarse "Justicia infinita", pero los mismos asesores le advirtieron que eso nos situaba como una divinidad, lo cual no era acertado, por lo que se transformó en "Libertad duradera" [*Enduring Freedom*]. Pero nadie advirtió la ambigüedad. En inglés, "endure" significa sufrir. Y hay mucha gente alrededor del mundo que sufrió lo que nosotros llamamos libertad. Pero como tenemos una clase muy bien educada nadie señaló la ambigüedad. Si pudiéramos retroceder para que una agencia más o menos independiente, quizás las Naciones Unidas, o una ONG creíble, consiguiera liderar la reconstrucción con mucha ayuda… Pero más allá de eso existen otros problemas.

Una forma fácil de reducir el terror

Queremos, claro, reducir el nivel del terror y no aumentarlo. Existe una manera fácil de hacerlo: dejar de contribuir con él. Automáticamente esto reduciría el nivel de terror. Pero eso no se puede discutir. Deberíamos transformarlo en motivo de discusión.

Tendríamos que repensar el tipo de políticas que implementamos. Afganistán no es el único lugar en el que organizamos y entrenamos ejércitos terroristas. Ahora estamos padeciendo las consecuencias. El 11 de septiembre fue una de ellas. Hay que repensar las políticas que llevan a crear una reserva de apoyo. Exactamente aquello que los banqueros, abogados y otros están diciendo en lugares como Arabia Saudita. En las calles, la opinión es mucho más amarga, como imaginarán.

Estas políticas no están grabadas en la piedra. Existen otras posibilidades. Es difícil encontrar demasiados rayos de luz en las últimas semanas, pero uno de ellos es que existe una apertura creciente. Muchas cuestiones han quedado expuestas, listas para ser discutidas, inclusive en el seno de las elites, por supuesto dentro del público en general. Si un diario como el *USA Today* puede publicar un muy buen artículo, serio, sobre la vida en la franja de Gaza, es que ha habido un cambio. Aquello que mencioné acerca del *Wall Street Journal* también supone un cambio. Y dentro del público en general creo que hay mucha más apertura y ganas de pensar cosas que hasta ahora estuvieron escondidas bajo la alfombra. Estas son oportunidades y deberían ser aprovechadas al menos por quienes aceptan el objetivo de tratar de reducir el nivel de violencia y terror, incluyendo las amenazas potenciales que podrían hacer empalidecer por insignificante al 11 de septiembre.

"La Nueva Guerra contra el Terrorismo" es el texto de una conferencia ofrecida por el Profesor Noam Chomsky el 18 de octubre de 2001 en el marco del Foro de Tecnología y Cultura en el Massachussets Institute of Technology (MIT).

II
Soberanía y Orden Mundial

El tema de esta conferencia se decidió en 1998 –quizás un poco antes– pero la elección fue algo profética. En efecto, "soberanía" y "orden mundial" han sido de manera significativa las palabras clave de 1999. La cuestión de la soberanía pasó por dos fases sucesivas. La primera, a comienzos de año, cuando la atención se centraba en el bombardeo de la OTAN y de EEUU sobre Yugoslavia; la segunda, en estas últimas semanas con la reanudación de las atrocidades de Indonesia en Timor Oriental.

Durante la primera fase hubo un "extraordinario entusiasmo", entrábamos supuestamente en una nueva era de la historia humana en la cual los "estados iluminados" usarían la fuerza cuando lo consideraran justo, dejando a un lado los conceptos de soberanía y derecho internacional, tan pasados de moda. Los "estados iluminados" actuarían de acuerdo a sus principios tradicionales, teniendo como misión la "defensa de los derechos humanos". Así lo proclamó la secretaria de estado Madeleine Albright y lo repitió maravillado el *New York Times*.

Esta misión apunta, según ciertos personajes como Albright, sólo a una parte del mundo –es decir, a los "estados malvados". Cuba hoy. O Nicaragua antes de que regresara al mundo libre. O Irak desde 1990, cuando Saddam Hussein desobedeció las órdenes e Irak se transformó en un "estado malvado". Pero no antes de 1990, por supuesto, ya que en esa época era un gran amigo y aliado, y recibía una ayuda masiva mientras mataba a los kurdos, torturaba a sus opositores y cometía los peores crímenes de toda su abominable carrera. Por todo esto fue recompensado por los "estados iluminados" con crecientes aportes militares y otras ayudas logísticas.

Hasta aquí la primera mitad del año. Llovieron sobre nosotros pronunciamientos extáticos de líderes morales y figuras políticas, universitarias y otras, a propósito de esta notable era en la que estábamos ingresando bajo la conducción de los "estados iluminados".

La segunda fase comenzó hace algunas semanas. El tono cambió radicalmente cuando la atención se volvió sobre Timor Oriental, donde resurgían el terror, la violencia y las masacres que venían produciéndose sin interrupción en los últimos veinticinco años. De hecho, se trata de la peor matanza

–en proporción a la población– que se haya cometido desde el Holocausto.

Pero ahora resulta que la soberanía de Indonesia debe recibir un delicado y excesivo respeto en este caso, aunque no haya soberanía. Porque evidentemente Indonesia no tiene ningún derecho sobre Timor Oriental, fuera del que deriva del apoyo que le dieron para su agresión las grandes potencias, en particular los "estados iluminados" y muy en particular su líder, Estados Unidos.

Entonces parece que aquí debemos guardar un gran respeto de la soberanía y que los derechos humanos no importan. Tenemos que abandonar nuestra amplia misión, establecida en la primera fase. Debemos esperar la invitación de los invasores antes de intentar cualquier movimiento –como suspender la ayuda militar– porque de lo contrario estaríamos interviniendo en un Estado soberano, y no podemos hacer eso.

Por lo tanto, repentinamente, el cuadro se invirtió por completo. Desde el desprecio más total por la soberanía en el caso de Serbia –que casualmente representa el único rincón de Europa que resiste los planes de EEUU para la región–, pasamos a un "estado cliente", uno de los mayores asesinos de la época contemporánea, y en este caso la preocupación por la soberanía es tan exaltada que tenemos que honrarla delicadamente, aun cuando no exista soberanía alguna.

Debemos admitir que la transición de un caso al otro es interesante y plantea algunos interrogantes: ¿qué sucedió? ¿cuál es la diferencia? Podría tener que ver lo que mencioné antes. En un caso, el estado cuya soberanía no importa es un estado enemigo. En el otro caso resulta ser un "estado cliente". Esto sugiere una hipótesis, pero dejémosla de lado por el momento, y planteémonos otras preguntas.

La primera es la siguiente. Ya dije que la primera parte del año se caracterizó por un entusiasmo desbordante a propósito de esa notable "nueva era" en la cual íbamos a ingresar. Pero ¿qué se pensaba fuera de los "estados iluminados"? O mejor aun, ¿quiénes son los "estados iluminados", y cómo se accede a ese rango? ¿Cuál es el criterio para ser miembro del club?

A fin de cuentas, el criterio es muy simple. Se ingresa *por definición*. No se llega a ser un "estado iluminado" en virtud de un historial. De hecho, el historial es considerado irrelevante y si alguien fuera a examinarlo, difícilmente podría establecer las calificaciones correctas. Es simplemente *por definición*. Estados Unidos es un "estado iluminado" *por definición*. Su perro guardián, Gran Bretaña, es un "estado iluminado" en la medida en que obedezca las órdenes. Y cualquiera que se aliste en la cruzada es un "estado iluminado". Todos los demás son "estados malvados". Como vemos, la distinción es fácil de hacer.

¿Cuál es la actitud fuera de los "estados iluminados" respecto de la notable "nueva era"? Fuera de los autoproclamados "estados iluminados" se produjo un verdadero asombro e incredulidad frente a este desprecio de la soberanía y el derecho internacional. En India, Tailandia o América Latina, la reacción fue bastante uniforme: miedo. La actitud predominante del mundo estuvo muy bien expresada por el Arzobispo de San Pablo, quien preguntó, después de la Guerra del Golfo: "¿A quiénes van a atacar luego, y bajo qué pretexto?" Hubo mucha discusión en todo el mundo sobre la necesidad de desarrollar medios disuasivos –armas nucleares, por ejemplo– para defenderse de los "Estados iluminados", quienes al parecer hoy se sienten con libertad de destruir a discreción.

De hecho, si observamos lo que ocurre a nivel global, creo que una descripción adecuada de lo que ocurre podría ser la siguiente: cuanta mayor capacidad tenga un estado de utilizar la violencia a discreción, mayor es su desprecio por la soberanía (la ajena, por supuesto). Estados Unidos es –de lejos– quien mayor capacidad tiene de hacer uso de la violencia, y quizás por eso el entusiasmo alcanza entre nosotros su paroxismo. El entusiasmo disminuye a medida que se desciende en la escala de poder, hasta llegar a las víctimas tradicionales.

A fin de cuentas, la frontera se parece bastante a lo que en otra época se llamaba la división "Norte-

Sur". No es más que un eufemismo para referirse a la distinción entre los viejos países imperiales y sus antiguas colonias. En estas últimas hubo asombro, miedo e incredulidad. En los países imperiales, particularmente entre los más poderosos, enorme entusiasmo por la supresión de todas las barreras que regulaban el uso de la violencia.

Se trata de una conclusión bastante general, aunque creo que adecuada, si uno se fija en las diferentes reacciones a nivel global, tanto aquí como en otras partes. Y, una vez más, sugiere algunas hipótesis sobre lo que está sucediendo.

Con todo, esto requiere de mayores precisiones, pues la actitud del autoproclamado líder de los "estados iluminados" –EEUU– es un poco más compleja de lo que antes dejé entender. Es cierto que cuando se trata de los demás, la soberanía puede dejarse de lado con desprecio: en otras palabras, podemos utilizar la fuerza a discreción, en la medida en que lo consideremos justo, ya que nos definimos como "iluminados". Sin embargo, nuestra propia soberanía –y la de nuestros "estados clientes"– debe conservarse como un preciado tesoro. En nuestro propio caso, la cuestión es obvia. De hecho, es bastante difícil de ignorar. Hace no mucho tiempo, por ejemplo, EEUU se negó a permitir la instauración de una Corte Internacional de Justicia encargada de juzgar crímenes de guerra y contra la humanidad. Y el motivo era muy simple: si hubiéramos aceptado la existencia de una Corte semejante, habríamos entregado nuestra soberanía. Y obviamente no podíamos hacer eso, pues nuestra soberanía es sagrada.

Este argumento fue lo suficientemente brutal como para provocar algunos comentarios, pero lo que no se advierte es el carácter casi sistemático de la actitud que describo. Estados Unidos tiene un historial terrible, uno de los peores en el mundo, en lo concerniente a la firma o ratificación de las convenciones internacionales de derechos humanos –convenciones que intentan aplicar los artículos de la Declaración Universal de los Derechos del Hombre. Por ejemplo, en el caso de la Convención sobre los derechos del niño, ha sido ratificada por todos los países del mundo salvo dos: EEUU y Somalia (que en ese momento no tenía gobierno).

No obstante, la cuestión es aun más grave. Estrictamente hablando, EEUU no ha ratificado ninguna convención, pues cada una de las ratificadas –no son muchas– tiene una cláusula de reserva que aclara: "no aplicable a EEUU". Hubo un caso interesante a principios de año, durante el período eufórico de "la nueva era". Una vez más, se le dedicó poca atención, pero leyendo entre líneas uno podía comprender que la Corte Internacional de Justicia tuvo que tratar un caso acusando a EEUU y otras potencias de la OTAN de crímenes de guerra y rechazó la acusación por razones técnicas. No porque los hechos fueran falsos. En efecto, EEUU había presentado un argumento legal infalible para mostrar que el caso no podía juzgarse, y la Corte lo aceptó correctamente. ¿En qué consistía este argumento? El caso estaba en manos de la Convención sobre el genocidio. Las reglas de la Corte Internacional exigen que ambas partes en disputa reconozcan la Convención; de lo contrario, la Corte no puede juzgar. El argumento de EEUU consistía precisamente en no aceptar la Convención sobre el genocidio, porque aunque la había firmado –creo que con un retraso de cuarenta años–, incluyó una cláusula de reserva: "no aplicable a EEUU, sin el consentimiento de EEUU" (consentimiento que jamás se otorgó, obviamente). Así, Estados Unidos no puede ser llevado a comparecer frente a la Corte Internacional bajo esos cargos, de modo que importa poco conocer lo ocurrido. Frente a un argumento tan infalible, la Corte Internacional simplemente rechazó el caso. Como dije antes, esto es lo que sucede típicamente. La soberanía, la nuestra, debe ser protegida cuidadosamente, como una joya preciada. Pero la de numerosos enemigos no vale nada.

Y la misma lógica se extiende a otros ámbitos. Estados Unidos está prácticamente destruyendo a la ONU por negarse a pagar lo que debe de acuerdo a los tratados. No paga porque eso significaría un sacrificio de su soberanía. ¿Por qué permitiríamos que funcione una organización que no controlamos, a expensas de nuestra libertad de acción? Por eso EEUU no paga sus deudas.

De hecho, en la década del '90 las violaciones de los tratados internacionales por parte de EEUU se volvieron tan extremas que la American Society for International Law publicó un artículo titulado "Tomando los tratados en serio". Este artículo denunciaba la brutalidad con la cual EEUU rechazaba sus obligaciones en tratados internacionales. Las explicaciones son siempre las mismas: los tratados entran en conflicto con la soberanía estadounidense, y ésta debe defenderse. Lo mismo se cumple a propósito de la Organización Mundial de Comercio (OMC), creada por nosotros (lo que hace al caso más interesante). La Organización tiene reglas, pero EEUU las viola sin dudarlo cuando lo considera conveniente. Así, por ejemplo, la Unión Europea presentó cargos en la OMC acusando a EEUU de quebrar las reglas del juego con el criminal embargo a Cuba. El embargo produce efectos secundarios sobre el comercio de otros países, y en ese sentido viola las reglas. Más aun, va contra las reglas internacionales humanitarias concernientes al alimento e incluso a los medicamentos. Estados Unidos, por su parte, pidió una excepción por motivos de seguridad nacional. La supervivencia de EEUU sólo está garantizada si los niños cubanos pasan hambre o mueren en los hospitales por falta de medicamentos. Por lo tanto, en el caso del embargo a Cuba, no podemos aceptar la autoridad de la OMC, nuestra propia creación.

La idea de que ésta es una cuestión de seguridad nacional resulta quizás demasiado estúpida para ser discutida, pero ilustra la extrema devoción que tenemos por nuestra soberanía –el derecho de hacer lo que queramos– justo en el momento en que le damos la bienvenida a una nueva era, en la que la noción de soberanía ya no cuenta, puesto que los "estados iluminados" van a conducir el mundo con la misión de proteger los derechos humanos.

Por muchos años, el embargo a Cuba fue justificado bajo pretextos típicos de la guerra fría. Cuba es un tentáculo del imperio del Mal que amenaza con estrangularnos. Eso fue siempre un sinsentido. La decisión formal de derrocar al gobierno de Cuba se gestó secretamente en marzo de 1960, cuando no existía ninguna conexión significativa entre Cuba y la Unión Soviética. Después de la Guerra Fría, el ataque contra Cuba se intensificó. Estos simples hechos anulan por completo la excusa de la guerra fría, pero es más interesante cuando uno se fija en los argumentos reales, que hoy están desclasificados. Uno de los primeros actos de la administración Kennedy fue intensificar el ataque contra Cuba. El presidente Kennedy había creado una célula latinoamericana encargada de vigilar la situación en el hemisferio. Su reporte fue transmitido al Presidente por el historiador Arthur Schlesinger. Obviamente se hablaba de

Cuba y describía la amenaza de este país para EEUU. El peligro –y aquí cito a Schlesinger– consistía en que se extendiera "la idea castrista según la cual había que hacerse cargo de los propios asuntos", problema crucial en una región como Latinoamérica, caracterizada por la fuerte concentración de la riqueza. "Los pobres y los menos privilegiados, estimulados por el ejemplo de la Revolución cubana, están exigiendo oportunidades para una vida decente". En definitiva, ésa es la amenaza. Así que obviamente hay que defenderse de ella mediante una política del terror, un embargo, invasiones, etc., para frenar el peligro. Por cierto, había un elemento referido a la guerra fría: Schlesinger agregaba que "Rusia está detrás de la escena, ofreciendo préstamos para el desarrollo y presentándose a sí misma como modelo de industrialización en una sola generación". Al pensar un poco el tema, uno llega a una buena comprensión de lo que fue la guerra fría desde 1917. Esos modelos y esfuerzos de independencia no pueden ser tolerados, porque cuestionan el sistema mundial, que debe organizarse sobre otras bases. El sistema tiene que organizarse en función de los intereses de los privilegiados, los ricos y los poderosos, aquellos cuya soberanía debe protegerse y respetarse, mientras que la de los otros no cuenta para nada.

Agregaría que nuestro desprecio de la soberanía no comenzó a principios de año. Sólo alcanzó sus extraordinarias dimensiones como parte de la justificación del bombardeo de un país europeo. De hecho, el desprecio norteamericano por la soberanía es tan viejo como Estados Unidos.

La soberanía de otros, entonces, no cuenta en absoluto si se nos interponen en nuestro camino, si se trata de los llamados "estados malvados", que no obedecen las órdenes. Pero nuestra propia soberanía, la de nuestros "estados clientes" y la de quienes se nos unen debe protegerse. Nada demasiado nuevo aquí, pero tampoco nada demasiado importante. Recordémoslo, son todos puntos declarados irrelevantes. Sólo importan los hechos. El desprecio hacia los otros y hacia la ley internacional, junto con la insistencia en defender la soberanía de los "estados clientes" y obviamente la nuestra se expresa públicamente de una manera a menudo cruda y grosera. Y eso es lo que importa. Un buen ejemplo es el de Dean Acheson, un político muy respetado, uno de los creadores del mundo de posguerra y asesor de primera línea de la administración Kennedy: en 1962, cuando se instauró el embargo completamente ilegal contra Cuba, ofreció una defensa pública de éste último, frente a la American Society for International Law. Señalaba que la respuesta de EEUU a un desafío a su "poder, posición y prestigio" no es un "asunto legal". Por lo tanto, no surge ninguna cuestión de derecho internacional cuando el prestigio, la posición o el poder de EEUU están en juego.

Simplemente porque estamos muy por encima de los demás. Acheson dijo además que el derecho internacional "tiene su utilidad". Esta consiste en reforzar nuestras posiciones –con argumentos divertidos, cuando las condiciones nos lo permiten. Pero más allá de eso, cuando peligran nuestro prestigio, poder e influencia, el derecho internacional es irrelevante.

Estados Unidos no inventó ese modo de actuar, por supuesto. Cada país en el mundo, incluyendo a Andorra, se colocaría en el mismo rol si tuviera las posibilidades de hacerlo. Lo que diferencia a EEUU es precisamente que puede. Son las ventajas de ser el matón del barrio. Nunca es castigado. Y para colmo puede autocongratularse sin complejos por la propia magnificencia, por ser un "estado iluminado" que emprende toda clase de misiones maravillosas.

Un ejemplo aun más dramático, que debería enseñarse en todas las escuelas de una sociedad que valora la libertad es la reacción norteamericana –reacción pública– cuando Nicaragua presentó un caso contra EEUU en la Corte Internacional en 1985. Estados Unidos rechazó una vez más la jurisdicción de la Corte Internacional, la cual, no obstante, lo condenó por lo que llamó el "uso ilegal de la fuerza" –en otras palabras, crímenes de guerra– contra Nicaragua. Se ordenó que EEUU se retirara y pagase reparaciones sustanciales. Obviamente, esto suscitó el desprecio tradicional, la guerra prosiguió y mejor ni mencionar las reparaciones.

Pero lo interesante en el ejemplo son los pretextos que se ofrecieron. El asesor legal del Departamento de Estado dio las razones oficiales de por qué EEUU no iba a aceptar el veredicto de la Corte Internacional: "los miembros de las Naciones Unidas no son capaces de comprender nuestras motivaciones y frecuentemente se oponen a EEUU en cuestiones internacionales importantes. Por lo tanto, nos reservamos el derecho de decidir cuándo las decisiones de la Corte se aplican, y no aceptaremos la jurisdicción obligatoria de la Corte en disputas esencialmente pertenecientes a la jurisdicción doméstica de EEUU, tal como EEUU ha definido a esta última". En este caso preciso, la cuestión perteneciente a la jurisdicción doméstica de EEUU era la guerra de Washington contra Nicaragua, algo que la Corte condenó como "uso ilegal de la fuerza". Como dije, esto debería enseñarse en las escuelas. Todos deberían aprenderlo de memoria. Y en una sociedad que valorase su libertad, se conocería. También deberían estudiarse las declaraciones del ex-secretario de estado de la administración Reagan al explicar el asunto: "las negociaciones son un eufemismo para referirse a la rendición, si la sombra del poder no se extiende sobre la mesa de diálogo". Y condenaba a quienes defendían "los medios utópicos y legalistas como la mediación, las

Naciones Unidas y la Corte Internacional, al tiempo que ignoran el factor poder en la ecuación".

Estas observaciones tienen ciertos precedentes en la historia contemporánea; podemos pensar, por ejemplo, en el bombardeo estadounidense sobre dos ciudades libias, Trípoli y Benghazi, que dejó miles de civiles muertos. De hecho, ése fue el primer bombardeo de la historia planificado y llevado a cabo para la televisión. Estaba muy cuidadosamente cronometrado, de tal modo que iba a empezar justo a las 7 PM –hora este–, instante en el que los tres canales televisivos ponían al aire sus noticieros. Casualmente, todos resultaron tener a sus enviados en Libia y pudieron filmar los fascinantes acontecimientos tal como ocurrieron y ofrecerle a la administración la primera hora de control sobre las noticias televisivas. Se supone que uno no debería advertir estas cosas, es como si meramente ocurrieran.

Pues bien, todas éstas son cuestiones que –como dije– vale la pena conocer, enseñar y dicen mucho acerca de la actitud estadounidense frente a la soberanía. La soberanía ajena es tan despreciada hoy como lo viene siendo desde la década de 1770. Un ejemplo bastante trivial, comparado con la lista completa: hace exactamente un año, la administración Clinton decidió destruir la mitad de los recursos farmacéuticos de un país africano muy pobre, matando en consecuencia quién sabe a cuántos miles o decenas de miles de personas. Se admite que fue una especie de acto azaroso de violencia, pero no interesa, está perfectamente tolerado. Pues ¿qué importa la soberanía ajena? Sólo la nuestra importa. Así ocurre durante el período de entusiasmo, la primera fase.

Pasemos entonces a la fase segunda. Aquí vemos que no sólo EEUU goza de esta posición privilegiada en la que la soberanía se conserva como un tesoro, sino también los "estados clientes" como Indonesia. Este país tiene el historial más brutal y asesino de la época contemporánea. Sin embargo, cuando se renovaron las atrocidades en Timor Oriental este año, su soberanía debió ser muy delicadamente respetada –aun cuando dicha soberanía no existiera en absoluto. Recordémoslo, su soberanía en Timor Oriental es comparable a la de Saddam Hussein en Kuwait, o a la de la Alemania nazi en Francia. La posición oficial de EEUU ha consistido en decir que es responsabilidad de Indonesia mantener el orden en Timor Oriental, país que conquistó y en el cual masacró quizás al tercio de la población. "Es su responsabilidad, no queremos apartarlos de ella".

La posición norteamericana se mantuvo hasta que fue imposible ignorar el nivel de las atrocidades. De hecho la administración Clinton recibió la presión de la opinión pública, y en particular de Australia, para realizar algunos alegres movimientos menores. Clinton finalmente tuvo que dirigirles algunos pocos retos a los generales indonesios, lo que bastó para revertir completamente las cosas (revelando así el poder latente que estaba disponible).

El drama continúa en estos momentos. Hay centenares de miles de personas refugiadas en las colinas de Timor Oriental, donde al parecer se mueren de hambre, como sabemos todos. Hay un país que fácilmente podría arrojar víveres desde el aire, y sabemos muy bien cuál es. Tiene la logística y la capacidad técnica para arrojarle comida a quienes se mueren de hambre en las montañas, adonde fueron conducidos por fuerzas armadas, entrenadas y apoyadas por EEUU.

No vemos que ello ocurra. De hecho, no observamos a nadie hablando del tema. Recordémoslo, nuestra misión consiste en defender los derechos humanos, pero no cuando los derechos humanos son violados de manera espantosa por un "estado cliente" cuyas atrocidades y masacres alentamos durante veinticinco años. Por lo tanto no hay nada que discutir acerca de una fuerza aérea que arroje comida a los refugiados hambrientos y que es perfectamente capaz de destruir blancos civiles en un país cuya soberanía no interesa, pero ni hablar de enviar alimentos.

Por consiguiente, es EEUU quien garantiza o rechaza la soberanía. Esto forma parte de las prerrogativas del poder y sus cortesanos deben explicarnos por qué se trata de algo noble y elevado.

¿Cuál es la actitud de EEUU y de otros "estados iluminados" respecto de los derechos humanos? La misma respuesta: "la fuerza crea derecho". Los ejemplos son innumerables. La actualidad de Timor Oriental proporciona el caso más reciente. A continuación comentaré ciertos detalles que no deberíamos conocer, de acuerdo con los guardianes de la pureza doctrinal.

En diciembre de 1975, Indonesia, "estado cliente" de EEUU invadió Timor Oriental, sobre el cual no tenía derecho alguno. La invasión se llevaba a cabo con armamento estadounidense, que por un tratado con Indonesia sólo podía utilizarse para autodefensa. Estados Unidos expresó en secreto su esperanza de que la invasión se realizara rápidamente, sin prestar demasiada atención al hecho de que las armas estaban siendo utilizadas ilegalmente. Debido a las protestas declaró un embargo de armas, pero al enviar equipos de contrainsurgencia lo violó. El Consejo de Seguridad de las Naciones Unidas condenó la invasión unánimemente y ordenó a Indonesia la retirada inmediata. Pero la disposición no tuvo efecto, y el embajador de EEUU de aquel momento, Daniel Patrick Moynihan, reconoció más tarde en sus memorias: "Estados Unidos deseaba que las cosas ocurrieran así y trabajó para conseguirlo. El Departamento de Estado quería que las Naciones Unidas se mostraran completamente incapaces en todas las medidas que tomasen. Me encomendaron a mí esa tarea, y la llevé a cabo con bastante éxito". Son declaraciones francas y abiertas. El también estaba al tanto de la naturaleza de los acontecimientos. Admitió que en los pocos meses que siguieron fueron asesinadas unas 60.000 personas –la misma cantidad, en términos relativos, que Hitler asesinó en Europa del Este durante la Segunda Guerra Mundial. Y luego –añadía– el asunto desapareció de la prensa, así que toda la jugada había sido un éxito.

Efectivamente lo fue, la cuestión desapareció de la prensa, pero los enfrentamientos no se detuvieron sólo los informes. Asumió luego la administración Carter –la de los derechos humanos–, que proveyó de nuevas armas a Indonesia, aumentando así la escalada del genocidio. Los habitantes eran conducidos a las montañas, el ejército indonesio utilizaba armamento nuevo –aviones, napalm, etc.– "para llevar a cabo un ataque masivo que pusiera a la población bajo control de Indonesia". En ese momento la Iglesia y otros sectores de Timor Oriental intentaron mostrarle al mundo lo que ocurría. Hoy en día se admite la cifra de 200.000 muertos.

Y la historia continúa igual hasta el presente. Hubo un momento de esperanza a principios de este año. En enero el presidente interino de Indonesia propuso un referéndum en el cual los habitantes de Timor Oriental pudieran decidir entre la independencia y la autonomía. Las Fuerzas Armadas reaccionaron con atrocidades. Enviaron nuevas unidades de elite (unidades Kopassus entrenadas y armadas por Estados Unidos). Según el premio Nobel de la Paz nacido en Timor, Jose Ramos Horta, organizaron "milicias" (fuerzas paramilitares compuestas en su mayoría por indonesios) e inmediatamente aceleraron la escalada del terror. Muy poco se informó, pero la violencia no se detuvo. Estados Unidos se negó a reaccionar. Pero de hecho el suministro de armas y entrenamiento de los indonesios prosiguió en todo el período. Entre 1997 y 1998, los contratos comerciales de armas para Indonesia se multiplicaron por cinco. Las maniobras de entrenamiento aún continuaban cinco días antes del referéndum, y a esto se lo llamó "entrenamiento humanitario y prevención de desastres". Orwell no podría haberlo dicho mejor.

¿Qué ocurrió después? Durante la escalada pre-referéndum, en abril, cuando las atrocidades llegaban al tope, Estados Unidos envió una misión militar. El jefe del comando Pacífico, el almirante Blair, se reunió con el general indonesio Wirranto; en teoría para suspender las masacres. Pero hoy se sabe que en realidad le dijo que Estados Unidos seguiría suministrándole asistencia y apoyo. Esto lo reveló Alan Nairn, un periodista independiente que realizó un trabajo excelente, allí y en otras partes, y estuvo recientemente en una cárcel de Indonesia –sin que nos llegara la información–, pero fue liberado probablemente por presión del Congreso. De modo que el almirante Blair fue a dar este mensaje justo después de una de las más tremendas masacres, el asesinato de sesenta personas en una iglesia.

¿Y qué ocurrió? En una notable muestra de heroísmo la población concurrió a las urnas. A pesar de la enormes dimensiones del terror, de la intimidación y la muerte, casi el 99% de los habitantes, decenas de miles de personas refugiadas en las colinas, se animó y votó por la independencia. La reacción a eso fue la virtual aniquilación del país. En las dos semanas siguientes, nadie sabe cuántas miles de personas fueron asesinadas. Y quizás la mitad de la población, o más, fue expulsada de sus hogares. Finalmente, como dije, Estados Unidos se vio obligado a tomar posición, levantando una objeción, luego de lo cual los indonesios se detuvieron –lo que significa que pudieron haberlo hecho mucho antes.

Para elogiar a Estados Unidos, el *New York Times* publicó una edición especial sobre el tema. El 15 de septiembre, un historiador indonesio, John Roosa, quien asistía como observador en las elecciones, escribió un buen informe, en el que revelaba la verdad. "Puesto que el pogrom era tan predecible, fácilmente se hubiera evitado", pero Clinton "vaciló" y "se negó a discutir el envío de fuerzas de paz". Es exactamente lo que viene ocurriendo desde hace años, y los australianos se vuelven cada vez más furiosos por la negativa de Estados Unidos de considerar la presencia de fuerzas de paz.

Hace veinte años, luego de una masacre devastadora en la que cientos de miles de personas fueron asesinadas, Indonesia aceptó finalmente la posibilidad de que miembros del cuerpo diplomático de Yakarta visitasen Timor Oriental (ya se sentían lo suficientemente seguros como para permitirlo). Uno de ellos era Masters, el embajador de Carter. Lo que vino después aparece descrito en el testimonio de uno de los principales historiadores de Indonesia de todo el mundo, el estadounidense Benedict Anderson, frente a las Naciones Unidas. Declaró que Masters se atrasó "nueve largos meses", negándose a pedir ayuda humanitaria aun dentro del Departamento de Estado, hasta que los generales indonesios le dieron "luz verde", argumentando que ya se sentían lo bastante seguros como para que ingresara la Cruz Roja. En otras palabras, la misma historia, repetida. Pues bien, ésta es, desafortunadamente, la actitud más típica respecto de los derechos humanos. Un diplomático occidental en Yakarta, Indonesia, dice: "Indonesia importa, Timor Oriental, no".

Dos especialistas en Asia del *New York Times* explicaron las cosas con más detalle, y señalaron que la administración Clinton debió realizar un cálculo en el cual pesaban, por un lado, la importancia de Estados Unidos –un país rico en recursos con unos doscientos millones de habitantes– y por otro, un país pobre de 800.000 habitantes. El resultado del cálculo es obvio. Pero los altos oficiales estadounidenses plantearon la cuestión un poco más geográficamente, cuando afirmaron que en Timor Oriental "no tenemos perros en la carrera". Dicho de otro modo, no interesa lo que ocurra. Sólo hace algunas semanas se modificó un poco el tono. Ahora sí tenemos perros en la carrera, y uno grande (Australia). ¿Y qué pasa con la población del país, que ha sido torturada y masacrada gracias a nuestra ayuda en los últimos veinticinco años? No representan ni siquiera un perro pequeño. En definitiva, así es como funcionan los derechos humanos.

Regresemos ahora a la primera fase del año. En abril último, justo en plena euforia a propósito de la gran nueva era, hubo un aniversario: el cincuentenario de la OTAN, en Washington con amplia cobertura. Pero no fue un cumpleaños feliz, porque detrás de la reunión se alzaba la sombra de la limpieza étnica en Kosovo. Hubo entonces bastante inquietud por la cuestión. Me parecen admirables los comentaristas, periodistas y otros que pasaron por alto el hecho de que algunos de los más terribles "limpiadores étnicos" de los '90 estaban en el seno de la OTAN. No en sus márgenes, sino en su seno mismo, más precisamente en el rincón sudeste. Exactamente en Turquía, miembro de la OTAN, bajo la jurisdicción de Europa y de la Corte de justicia europea, que regularmente trata temas de limpieza étnica y otras atrocidades (ocho, el año pasado). Los crímenes de Turquía superaron a los ocurridos en Kosovo: dos o tres millones de refugiados, unas 3500 aldeas destruidas –siete veces Kosovo– y decenas de miles de víctimas kurdas. Mucho peor que Kosovo, incluso después de los bombardeos. ¿Cómo pudo esto pasar desapercibido? Pues bien, gracias a la administración Clinton. El gobierno turco utiliza un 80% de armas estadounidenses. Las masacres aumentaron en los '90, luego de que el gobierno de Turquía rechazara en 1992 las negociaciones de paz ofrecidas por los rebeldes kurdos, y el gobierno de Clinton enviara un creciente flujo de armas. De hecho, Turquía se convirtió en el principal importador militar del mundo. Y estamos hablando de armamento de avanzada: aviones, napalm, etc. En Turquía se cometieron todas las atrocidades imaginables.

Todo esto justo en el seno de la OTAN, justo en los '90 –y ahora el problema continúa–, sin que nadie lo recordara en los festejos por el cincuentenario. Investiguemos en la prensa (aunque, si preferimos no perder el tiempo, ni lo intentemos). Encontraremos lo siguiente: básicamente nada. Porque se trata de atrocidades sin nombre, limpieza étnica a gran escala, terror, tortura y todo lo que nos podamos imaginar en ese terreno... perpetrados por los "estados iluminados". E incluso por su mismísimo líder en el seno de la OTAN. Sin comentarios.

Precisamente en el momento en que debíamos rasgarnos las vestiduras por las víctimas de la limpieza étnica en un estado enemigo, en Kosovo...

A propósito de Kosovo, una y otra vez se repite lo mismo, que por una vez nos comportamos bien, que por supuesto, hicimos cantidad de cosas malas por todas partes, pero aquí hicimos algo bueno. Actuamos en base a nuestros principios y valores; actuamos de un modo puramente altruista. Estados Unidos fue completamente altruista al defender los derechos humanos, y he ahí el por qué de esta maravillosa euforia a propósito de la nueva era.

Pues no es una cuestión de lógica sino de hechos. Entonces veamos qué ocurrió. Thomas Friedman, especialista en asuntos internacionales del *New York Times*, suministró la versión estándar la semana pasada: la intervención estadounidense en Kosovo tuvo la virtud de frenar la limpieza étnica, y por lo tanto fue legítima. Sin embargo, hay un problema con esta afirmación: los hechos ocurrieron exactamente al revés. La limpieza étnica masiva fue una consecuencia de los bombardeos, y no su causa. Esto no está en discusión. Simplemente examinemos el registro de refugiados que cruzaron la frontera. Kosovo no era un lugar agradable el año anterior, ni más ni menos que otros lugares en el mundo. Pero la limpieza étnica comenzó en realidad luego de los bombardeos, iniciados el 24 de marzo. En ese momento, el Alto Comisionado de refugiados de las

Naciones Unidas no registraba ninguno. Los primeros refugiados llegaron tres días más tarde. El 1° de abril, una semana después de los bombardeos, los informes diarios empezaron a registrar las primeras expulsiones, hasta llegar al número que hoy conocemos: seiscientos o setecientos mil.

Lo terrible es que todo esto podía preverse. De hecho, según el comandante de las fuerzas estadounidenses –el comandante de la OTAN, general norteamericano Wesley Clark–, era algo "completamente previsible" que los bombardeos irían a causar una violenta escalada de las atrocidades, por razones bastante obvias. Cuando le arrojamos bombas a la gente, ellos no nos van a tirar flores, sino que responden. Y no responden donde nosotros somos fuertes, sino donde ellos son fuertes. Por lo tanto, no envían aviones para bombardear Nueva York: responden en el terreno, aumentando las atrocidades. El general Clark llegó a decir que la operación de la OTAN "no estaba destinada a frenar la limpieza étnica llevada a cabo por los serbios". En efecto, la limpieza étnica alcanzó su paroxismo luego de los bombardeos. No era entonces su causa, sino su consecuencia.

Por otra parte, si bien las atrocidades eran predecibles no se tomó ninguna medida. De hecho, la cuestión fue aun peor: poco antes, EEUU había resuelto quitarle los fondos al Alto Comisionado de refugiados de las Naciones Unidas, que tuvo que reducir bruscamente su personal. Por consiguiente,

EEUU y Gran Bretaña no sólo se negaron a tomar medidas contra una matanza previsible, sino que se dedicaron a quitarle fondos a las organizaciones que iban a ocuparse de los refugiados. Si combinamos estas dos cosas, el grado de criminalidad de Clinton y Blair aumenta sustancialmente.

La historia, mirada un poco más de cerca, siempre presenta un patrón similar. Es una suerte de repetición trágica –o peor aun, obscena– de lo que ocurría hace un siglo. En esa época también se hablaba de cómo los "estados iluminados" debían llevar la civilización a los pueblos atrasados del mundo, y tenían que dejar de lado cuestiones como la soberanía para cumplir su misión, cristianismo y derechos humanos. Así actuó Estados Unidos en Filipinas.

Pero sabemos cuáles fueron las consecuencias de todo esto. Ya no hace falta aguardar para ver: un siglo de historia nos muestra qué es lo que los "estados iluminados" llevaron al resto del planeta. ¿Existe algún motivo racional para esperar que la presente fase sea diferente? La mayoría del mundo no lo cree. Fuera de los autoproclamados "estados iluminados" hay mucho temor y una gran inquietud a propósito del resurgimiento de lo peor del imperialismo europeo y de la arrogancia y autoadulación que de él se derivan.

Para personas como nosotros –es decir, individuos privilegiados en sociedades bastante libres–

nada de esto resulta inevitable. Los crímenes más terribles se cometen sólo si permitimos que se cometan. Es así de simple. No hablamos de cosas que ocurren en Marte, o atropellos perpetrados por Atila, sino de crímenes llevados a cabo por fuerzas que están, en principio, bajo nuestro control, si queremos controlarlas.

No se trata de una necesidad natural. Es una cuestión de voluntad y elección. El pasado no puede arreglarse, pero por lo menos podemos enfrentar el presente. Podemos elegir mirarlo con honestidad, para aprender lecciones a partir de él, y utilizarlas para influir en el futuro.

"Soberanía y Orden Mundial" es el texto de una conferencia ofrecida por el Profesor Noam Chomsky el 20 de septiembre de 1999 en la Kansas State University, Kansas, EEUU.

III

La Conferencia de Albuquerque

Podemos afirmar sin exageración que el intento de tomar el control de nuestras propias vidas es un rasgo esencial de la historia del mundo, que ha conocido un *crescendo* a lo largo de los últimos siglos, caracterizados por cambios espectaculares, tanto en las relaciones humanas como en el orden mundial. La cuestión es muy amplia y no podría agotarla ahora, por lo que me veré obligado a reducir considerablemente el campo de análisis. Me ocuparé en primer lugar de las más recientes manifestaciones del fenómeno y de algunas de sus raíces, prestando atención a lo que podrían depararnos en el futuro. Me concentraré especialmente en el ámbito de la política internacional, aunque no sea el único en el que se plantean estos temas.

En el último año, los problemas mundiales, en su gran mayoría, se articularon en torno a la noción de soberanía, es decir al derecho de las entidades políticas de seguir su propia vía, buena o mala, y de hacerlo sin injerencia del exterior. En la práctica, la injerencia no deja de tener lugar y es puesta en marcha por un poder extremadamente concentrado cuyo centro principal se encuentra en EEUU. Este poder mundial concentrado adopta diferentes nombres según qué aspecto de la soberanía y de la libertad se tome. Asimismo, a veces se llama consenso de Washington, complejo de Wall Street y del Tesoro, OTAN, burocracia internacional (Organización Mundial de Comercio, Banco Mundial y FMI), G-7 (países occidentales ricos e industrializados), G-3 o, de un modo más apropiado, G-1. Para ir al fondo del problema, aunque no sea de manera muy concisa, podríamos describir a este enorme poder como un conjunto de sociedades gigantes [*megacorporations*] a menudo vinculadas entre sí por acuerdos estratégicos, y que administran una economía mundial que constituye, de hecho, una especie de mercantilismo dirigido por sociedades que tienden hacia el oligopolio en la mayoría de los sectores y pueden recurrir al estado para trasladar costos a la sociedad o controlar a quienes se resistan.

El año pasado, las cuestiones de soberanía se presentaron bajo dos aspectos. En primer término, el derecho soberano de estar protegido de una intervención militar. Nos hallamos en un orden mundial que se basa en el principio de la soberanía de los estados. En segundo lugar, se planteó la cuestión de los derechos soberanos frente a una intervención socioeconómica. Y en este punto hay que decir que vivimos en un mundo dominado por las multinacionales, y en particular, en los últimos años, por las instituciones financieras y toda la estructura construida para defender sus intereses; los problemas suscitados de manera espectacular en Seattle en noviembre de 1999 constituyen un buen ejemplo de lo que digo.

La primera categoría, la intervención militar, reviste una gran actualidad. Dirijamos nuestra atención hacia dos casos que tuvieron una importancia significativa: Timor Oriental y Kosovo. Podríamos decir mucho sobre estas cuestiones, a la luz de numerosas informaciones recientes, pero lamentablemente tengo que dejar de lado el tema, pues de lo contrario nos llevaría demasiado tiempo. Permítanme por lo tanto pasar al segundo punto, el único que trataré: el de la soberanía, la libertad y los derechos del hombre; me refiero a los problemas que se plantean en la arena socioeconómica, ámbito en el cual me concentraré.

Para comenzar, una observación de orden general: la soberanía no es un valor en sí mismo. Constituye un valor en la medida en que una parte suya está ligada a la libertad y a los derechos, que pueden ser acrecentados o bien recortados. Partiré de un principio que quizás parezca evidente, pero que es bastante controvertido, a saber que cuando hablamos de libertad y derechos nos referimos a seres humanos, es decir a personas de carne y hueso, y no a construcciones políticas y legales como empresas, estados o capitales financieros. Si tales entidades tuvieran algún tipo de derecho –lo cual no resulta del todo evidente–, debería derivarse del derecho de las personas. Es la base de la doctrina progresista clásica. Es también el principio que guió a las luchas populares desde hace siglos, pero una y otra vez se enfrenta con una oposición muy fuerte. A él se le opone la doctrina oficial. Se le oponen quienes poseen la riqueza y los privilegios, tanto en el ámbito político como en el socioeconómico. Por el momento vamos a dejar de lado esta cuestión, y trataremos de instalar rápidamente el "decorado".

En el terreno político, el eslogan clásico es "soberanía popular en un gobierno del pueblo, por el pueblo y para el pueblo", pero en los hechos la cosa es bastante diferente. Según la estructura corriente, el pueblo suele ser considerado un enemigo peligroso que debe ser controlado, por su propio bien. Esto nos remite a varios siglos atrás, a las primeras revoluciones democráticas modernas, me refiero a la Inglaterra del siglo XVII y a las colonias estadounidenses del siglo siguiente. En ambos casos, los demócratas fueron vencidos (aunque no completamente, y por cierto no para siempre). En la Inglaterra del siglo XVII, una gran parte de la población no quería estar gobernada ni por un rey ni por un parlamento. En la versión tradicional de la guerra civil, estos dos son adversarios; pero, como en la mayoría de las guerras civiles, una porción importante de la población los rechazaba tanto a uno como al otro. Así lo muestran los panfletos de la época: el pueblo quería estar gobernado "por gente del campo como nosotros, que conozca nuestras aspiraciones", y no por "caballeros y *gentlemen* que nos redactan las leyes y que son elegidos por miedo y no hacen más que oprimirnos, sin conocer nada de nuestras miserias".

He aquí las mismas ideas que animaron a los granjeros rebeldes de las colonias un siglo más tarde, pero el sistema constitucional que se conformó luego de su revuelta fue concebido bajo una óptica bien distinta. Fue concebido para frenar la "herejía". Su objetivo era "proteger a la minoría de los excesos de la mayoría" y asegurarse de que "el país fuera gobernado por sus dueños". Son las propias palabras del principal redactor de la constitución, James Madison, y del presidente del Congreso continental y primer magistrado de la Corte suprema, John Jay. Esta fue la concepción que prevaleció, pero los conflictos perduraron. No cesaron de tomar nuevas formas y están vivos aun hoy. Sea como fuere, la doctrina de la elite permanece intacta en cuanto a sus principios.

Saltemos algunas etapas para llegar al siglo XX (sólo me ocuparé aquí del ala presuntamente demócrata o progresista: del otro lado las cosas son más duras). Hoy los pueblos son considerados "extranjeros del sistema, ignorantes e importunos" cuyo rol es el de ser meros "espectadores" y no el de "partícipes", salvo en las periódicas ocasiones en que tienen derecho a elegir a los representantes del poder privado: a esto se lo suele llamar "elecciones". Durante las elecciones, la opinión pública es vista como algo prescindible si entra en conflicto con las exigencias de la minoría de los ricos dueños del país. En este preciso momento tenemos bajo nuestros ojos la ilustración del fenómeno.

Un ejemplo sorprendente –y sobran ejemplos así– puede encontrarse en el orden económico internacional: me refiero a los "acuerdos comerciales". La mayoría de la población, como muestran claramente los escrutinios, se opuso abiertamente al rumbo que tomaron las cosas, pero esta oposición no consiguió traducirse en hechos. Las elecciones no ofrecen ninguna salida, pues los centros de decisión –la minoría que manda– se reúnen para instituir una forma particular de orden socioeconómico, lo cual impide que el problema consiga expresarse. Los temas que se discuten sólo tocan a los electores de lejos: cuestiones de personas o de reformas que sabemos que no serán aplicadas. He aquí lo que se debate, y a la gente no le interesa en absoluto. Cuando el pueblo, como suele ocurrir, busca organizarse y ocupar la arena política para jugar su papel y defender sus propios intereses, aparece un problema. No hay democracia, sino una "crisis de la democracia" que debe superarse.

Una vez más, estoy citando. Todas las citas provienen del ala democrática, progresista del tablero político moderno, pero son principios compartidos por todo el resto. Los últimos veinticinco años fueron uno de esos períodos en que se lleva a cabo una campaña de grandes dimensiones para tratar de terminar con una de estas "crisis de la democracia" y reconducir al pueblo al papel que le corresponde: ser un espectador apático, pasivo y obediente. Hasta aquí con el ámbito político.

Todo esto tiene su contrapartida en el terreno socioeconómico, que estuvo agitado por conflictos paralelos, estrechamente ligados a los primeros desde hace bastante tiempo. En los albores de la revolución económica en EEUU, hace ciento cincuenta años, existía en Nueva Inglaterra una prensa obrera independiente muy activa dirigida por jóvenes campesinas o, en las ciudades, por artesanos. Se enfrentaban a la "degradación y sumisión" provocadas por el naciente sistema industrial, que obligaba a la gente a venderse para sobrevivir. Aunque nos resulte difícil, tenemos que imaginar que el trabajo asalariado de ese momento era considerado casi como una forma de esclavitud, no sólo por parte de los trabajadores de las fábricas sino también por una gran parte de la opinión pública: me refiero a Abraham Lincoln, el Partido Republicano o incluso ciertos editoriales del *New York Times* (que hoy todos ellos preferirían olvidar). Los trabajadores se oponían al regreso, dentro del sistema industrial, de lo que llamaban "principios monárquicos", y alegaban que quienes trabajaban en las manufacturas debían ser sus propietarios (la esencia misma del republicanismo). Denunciaban "el nuevo espíritu de la época: la riqueza en desmedro de todo excepto del propio interés", una visión degradante de la vida humana que había que implantar en la mente de las personas aunque costara un esfuerzo inmenso. Esfuerzo que en los últimos siglos no ha disminuido en absoluto.

En el siglo XX la industria de las relaciones públicas ha producido una literatura abundante que ofrece instructivas recomendaciones sobre cómo infundir el "nuevo espíritu de la época", creando necesidades artificiales o –cito– cómo "disciplinar a la opinión pública al igual que una armada disciplina a sus soldados", suscitando una "filosofía de la futilidad" y de la inanidad de la existencia, o incluso concentrando la atención humana en "las cosas más superficiales que constituyen la esencia del consumo de moda" (Edward Bernays). Si esto resulta, entonces la gente aceptará la existencia sometida y desprovista de sentido que le corresponde y olvidará esta idea subversiva: tomar el control de su propia vida.

Estamos hablando de un proyecto de ingeniería social de grandes dimensiones. Proyecto muy antiguo, pero que ha adquirido una intensidad y una amplitud desproporcionadas en el último siglo. Sus procedimientos son numerosos. Algunos pertenecen a la clase que mencioné antes y nos resultan tan familiares que no exigen mayores precisiones. Otros consisten en minar la seguridad, y para lograrlo existen diferentes alternativas. Se puede, por ejemplo, apelar a la amenaza del permanente cambio profesional. Una de las consecuencias más importantes y, seguramente, uno de los mayores objetivos de lo que erróneamente se llama "acuerdos comerciales" (insisto en lo de "erróneamente" porque estos acuerdos no provienen del libre comercio –contienen toda una serie de elementos que entorpecen el funcionamiento del mercado– y no son acuerdos, en la medida en que las personas se muestran disconformes) es consolidar la amenaza –que no hace falta ejecutar: con la mera amenaza alcanza– del permanente cambio profesional, buena manera de conseguir disciplina minando la seguridad.

Otro mecanismo –y disculpen esta jerga técnica– consiste en reforzar lo que se llama la "flexibilidad del mercado de trabajo". Permítanme citar al Banco Mundial, que expuso las cosas muy claramente: "Es esencial aumentar la flexibilidad del mercado de trabajo, a pesar de que este término haya adquirido la mala reputación de ser un eufemismo, sinónimo de disminución de salarios y de despido de trabajadores" (es exactamente lo que ocurre) "en todas las regiones del mundo. (...) Las reformas más importantes exigen la eliminación de las trabas que dificultan la movilidad del trabajo y la flexibilidad de los salarios, así como la supresión de toda referencia a los servicios sociales en los contratos de trabajo"[1]. Esto significa anular las ventajas y derechos adquiridos después de generaciones de lucha.

Cuando hablan de eliminar las trabas que entorpecen la flexibilidad de los salarios, tienen en mente la flexibilización hacia abajo, y no hacia arriba. Igualmente, la movilidad del trabajo no tiene nada que ver con el derecho de la gente de mudarse adonde quiera, como pretendía la teoría del librecambio de Adam Smith, sino más bien el derecho de echar a los empleados a discreción. Y en la versión actual de la globalización, la de los inversores, los capitales y las compañías deben gozar de toda la libertad para desplazarse, pero no así las personas, pues sus derechos son secundarios, accesorios.

Las llamadas "reformas esenciales" son impuestas en gran parte del mundo por el Banco Mundial y el FMI como condiciones de la ratificación de la política de los países en cuestión. En las naciones indus-

---

[1] Banco Mundial, *World Development Report*, 1995.

trializadas, las medidas se introducen por otros medios que probaron ser realmente eficaces. Alan Greenspan afirmó delante del Congreso que una "mayor inseguridad del trabajador" era un factor importante en lo que se denomina "la economía de los cuentos de hadas". En efecto, mantiene la inflación en niveles bajos, ya que los trabajadores no se atreven a reclamar aumentos ni ventajas sociales. Se hallan en una situación de inseguridad permanente. Esto puede leerse con bastante claridad en las estadísticas. Durante los últimos veinticinco años –ese período de baja forzada de los precios y de crisis de la democracia–, los salarios se estancaron o disminuyeron para la mayoría de la mano de obra y las horas de trabajo aumentaron severamente, lo cual no pasó desapercibido a la prensa de negocios, que describió el proceso como "un desarrollo oportuno de una relevancia trascendente", congratulándose por ver a los trabajadores obligados a abandonar "sus modos de vida lujosos", mientras que los beneficios de las empresas eran "deslumbrantes" y "prodigiosos" (*Wall Street Journal*, *Business Week* y *Fortune*).

En los países dependientes, las medidas implementadas pueden llegar a ser mucho menos delicadas. Una de ellas consiste en la famosa "crisis de la deuda", atribuible en buena parte a los programas políticos del Banco Mundial y del FMI en los años '70, y al hecho de que los ricos del Tercer Mundo están en su mayoría libres de obligaciones sociales. Esto es algo dramáticamente cierto en América Latina. Existe efectivamente una "crisis de la deuda", pero hay que mirar el asunto un poco más de cerca para determinar su naturaleza. No se trata en absoluto de un mero hecho económico. Es, en gran medida, una construcción ideológica. Lo que se denomina la "deuda" podría resolverse de muchas maneras elementales.

Una consistiría en recurrir al principio capitalista según el cual los deudores tienen que pagar y los prestamistas, asumir el riesgo. Si usted me presta dinero y yo lo envío a un banco de Zurich y me compró un Mercedes, cuando usted venga a reclamar lo que le debo, no puedo decirle: "lo siento, no lo tengo. Vaya a hablar con mi vecino". Y si usted quiere prestar dinero, no puede decir: "mi vecino es quien asumirá las consecuencias".

Sin embargo, así vienen funcionando las cosas en la arena internacional. Es la esencia misma de la "crisis de la deuda". Quienes pidieron los créditos –los dictadores militares, sus acólitos, los ricos y privilegiados de tantos regímenes autoritarios que hemos apoyado– al parecer no están obligados a devolver la plata, ellos no tienen que pagar... Tomemos por ejemplo el caso de Indonesia, donde la deuda actual alcanza casi el 140% del PBI. El dinero lo acaparó la dictadura militar –y sus cómplices– y benefició a doscientas o trescientas personas en el exterior, pero a la población es a quien hoy le toca pagar a través de severas medidas de austeridad. Los prestamistas, además, están protegidos de cualquier imprevisto. Disfrutan de algo que se acerca bastante a un seguro contra todo riesgo, gracias a múltiples mecanismos de socialización de los costos. Para eso sirve, después de todo, el FMI.

De hecho, la deuda latinoamericana no difiere demasiado del monto de la fuga de capitales de América Latina, lo que sugiere que podríamos ocuparnos muy fácilmente del problema de la deuda (al menos de una parte importante), si tuviéramos que respetar el principio capitalista (que es, por supuesto, inaceptable). Principio que indica que quien debe cargar con el asunto es la minoría de ricos.

Existen muchas otras formas –conocidas por todos– de eliminar la deuda, y que revelan hasta qué punto ésta constituye una construcción ideológica. Una –diferente de la regla capitalista– es el principio jurídico internacional introducido por EEUU cuando "liberó" a Cuba, como se dice en los manuales de historia, es decir cuando en 1898 conquistó la isla para impedir que se independizara por su cuenta de la tutela de España. Luego de la invasión, EEUU anuló la deuda de Cuba con España, con el argumento perfectamente sensato de que el préstamo se había contraído sin el consentimiento de la población, o sea, de manera coercitiva. Este principio impregnó entonces la ley internacional, en buena medida por iniciativa de los estadounidenses. Se lo llamó principio de la deuda inicua. Una deuda inicua no es válida, y por lo tanto no debe pagarse. Muchos admiten hoy, entre otros el director ejecutivo norteamericano del FMI, que si este principio llegara a aplicarse a las víctimas, y no sólo a los ricos, gran parte de la deuda del Tercer Mundo se disolvería, porque en realidad no es válida. Es una deuda inicua.

Pero no es así como las cosas funcionan. La deuda inicua es un arma de control muy poderosa y difícilmente se la abandonará. Gracias a ella, hoy en día, la política económica nacional de aproximadamente la mitad de la población mundial es dirigida por burócratas en Washington. Igualmente, la mitad de la población mundial (no la misma mitad, aunque en parte ambas mitades se superponen) está sujeta a sanciones unilaterales que provienen de EEUU, otra forma de coerción que –una vez más– socava la soberanía y que repetidas veces fue calificada de inaceptable por parte de las Naciones Unidas, pero sin que eso cambiara nada importante.

En los países ricos se llega a resultados similares a través de otros métodos. Regresaré sobre esto, pero antes unas palabras sobre un tema que jamás deberíamos olvidar: los procedimientos utilizados en las regiones dependientes pueden ser extremadamente brutales. Hace algunos años tuvo lugar en El Salvador una conferencia organizada por los jesuitas que abordaba el plan de terrorismo de Estado de los '80 y su continuación a través de las políticas socioeconómicas impuestas por los vencedores. La conferencia puso énfasis en lo que se llamó la "cultura del terror" residual, fenómeno que persiste luego de que el terror efectivo ha disminuido, y tiene por efecto "domesticar las aspiraciones de la mayoría, que renuncia a cualquier alternativa a las demandas de los poderosos". Aprendieron la lección: There Is No Alternative; es TINA, según la cruel fórmula de Margaret Thatcher. La idea de que no hay alternativa se transformó en el eslogan clásico de la globalización tal como la perciben las multinacionales. En los países dependientes, la gran victoria de las operaciones terroristas consistió en destruir las esperanzas que habían surgido en América Latina en los '70, cuando el pueblo comenzaba a organizarse en toda la región y la Iglesia tomaba "la opción por los pobres", tan severamente sancionada años más tarde por haberse apartado del camino correcto.

Una vez más, aquí podríamos decir muchísimas cosas pero lamentablemente no dispongo de tanto tiempo. En ocasiones las enseñanzas del pasado pueden expresarse en pocas palabras. En un torrente de autocongratulación, hoy nos felicitamos por haber suscitado una ola democratizadora en nuestras dependencias latinoamericanas. La cuestión es abordada de un modo más preciso en un artículo importante y muy bien documentado que debemos a uno de los principales especialistas en el tema, Thomas Carothers. Como él mismo lo dice, intenta escribir "desde el punto de vista de un iniciado", puesto que trabajó en "los programas de promoción de la democracia" del Ministerio de Asuntos Extranjeros de la administración Reagan. Está persuadido de las buenas intenciones de Washington, pero reconoce que en la práctica la administración Reagan trataba de mantener "el orden fundamental de regímenes que no tenían nada de democráticos", evitar "un cambio dictado por el pueblo" y adoptar "políticas pro-democráticas a modo de sopapa frente a las demandas de transformaciones más radicales, pero sin buscar en realidad más que formas limitadas de cambio democrático, impuestas desde arriba y que no hicieran peligrar las estructuras tradicionales de poder con las cuales EEUU estaba aliado desde hacía mucho tiempo". A esto le falta muy poco para ser completamente exacto; le faltaría aclarar: "las estructuras tradicionales de poder con las cuales las estructuras tradicionales de poder dentro de EEUU estaban aliadas desde hacía mucho tiempo".

El mismo Carothers se muestra insatisfecho con el resultado, pero describe lo que denomina "la crítica progresista" como algo fundamentalmente imperfecto. Esta crítica, nos dice, deja "sin solución" a los viejos debates, debido a su "punto débil", que consiste en que no ofrece una alternativa a la política que busca reestablecer las estructuras tradicionales de poder (en ocasiones por medio del terror asesino que se llevó consigo doscientas mil vidas en los '80 y arrojó un saldo de millones de refugiados, heridos y huérfanos en sociedades devastadas). Una vez más, entonces, TINA: no hay alternativa [2].

Del otro lado, en el ala opuesta del espectro político, Robert Pastor, el principal especialista de América Latina del presidente Carter, muy comprometido con el pacifismo progresista, se encontró con el mismo dilema. En un libro muy interesante explica por qué la administración Carter se vio obligada a sostener hasta el final al régimen asesino y corrupto de Somoza e, incluso cuando las estructuras tradicionales del poder se volvían contra el dictador, EEUU –la administración Carter, reitero– debió enviar a la guardia nacional que había creado y entrenado, y que trataba a la población "con la brutalidad que un estado reserva habitualmente a sus enemigos". Todo esto se realizó con las mejores intenciones bajo el principio TINA. Y la razón es la siguiente: "Estados Unidos no quería controlar a

---

[2] Carothers, "The Reagan Years", en Abraham Lowenthal, ed., *Exporting Democracy*, John Hopkins Univ. Press, 1991; *In the Name of Democracy*, Univ. of California Press, 1991; "Dithering in Central America", *New York Times Book Review*, 15 de nov. de 1998.

Nicaragua o a las demás naciones de la región, pero tampoco quería que se volvieran incontrolables". Deseaba que los nicaragüenses actuaran de manera autónoma *"excepto* (él mismo lo subraya) en el caso en que esta acción afectara negativamente a los intereses de EEUU"[3]. En otras palabras, los latinoamericanos tienen el derecho de ser libres, libres de actuar según nuestros deseos. Queremos que puedan elegir su propio destino, con la condición de que no escojan lo que no nos conviene, en cuyo caso nos veríamos obligados a restaurar las estructuras tradicionales de poder (por la violencia, si es necesario). Hasta aquí el lado más liberal y progresista del espectro político.

Ciertas voces se expresan desde fuera del tablero, no podemos negarlo. Por ejemplo, se escucha la idea de que "la gente debería tener el derecho de participar de las decisiones que modifican profundamente su modo de vida", y de no ver sus esperanzas "cruelmente aplastadas". Todo esto dentro de un orden mundial en el que "el poder político y financiero está concentrado", los mercados financieros "fluctúan erráticamente", provocando efectos devastadores en los países más pobres, "las elecciones pueden ser manipuladas" y "los efectos negativos sobre otros son considerados totalmente secun-

---

[3] *Condemned to Repetition*, Princeton Univ. Press, 1987.

darios" por los poderosos. Estas son citas del extremista radical del Vaticano, cuyo mensaje anual de Año Nuevo apenas podría mencionarse en la prensa nacional.

¿Por qué nos demoramos tanto en el hecho de que es imposible permitirles a los latinoamericanos –y, de hecho, al resto del mundo– el libre ejercicio de su soberanía, es decir, el control de sus vidas? Aquí estamos en presencia del equivalente a nivel mundial del miedo de la democracia a nivel nacional. Esta cuestión fue a menudo señalada de manera instructiva, como lo atestiguan en particular los archivos nacionales a los que tenemos acceso (¡qué país tan libre! Tenemos archivos llenos de documentos desclasificados que son muy interesantes). El leitmotiv que los recorre está sorprendentemente ilustrado por uno de los acontecimientos de mayores consecuencias: la promoción, en febrero de 1945, a pedido de EEUU, de una conferencia intercontinental encargada de imponer la Carta Económica de las Américas, uno de los pilares del mundo de posguerra. La Carta exigía el fin del "nacionalismo económico (es decir, de la soberanía) bajo todas sus formas". Los latinoamericanos debían en lo sucesivo evitar un desarrollo industrial "excesivo", capaz de competir con los intereses de EEUU; podían a pesar de todo acceder a un "desarrollo complementario". De esta manera, Brasil tenía derecho de producir el acero a bajo precio que no le interesaba a las compañías estadounidenses. Eran medidas indispensables "para proteger nuestros recursos", como dijo George Kennan, aun si para ponerlas en práctica se necesitaban "estados policíacos".

No obstante, Washington se encontró con un problema al aplicar la Carta. Desde el Ministerio de Asuntos Extranjeros se explicó claramente la situación: los latinoamericanos hacían una mala elección. Pedían "políticas concebidas para alcanzar una distribución más equitativa de las riquezas y un aumento del nivel de vida de las masas", y estaban convencidos de que el primer beneficiario del desarrollo de los recursos de un país debía ser el pueblo de ese mismo país", y no los inversores estadounidenses. Esto es inaceptable, por lo cual no puede permitirse la soberanía. Libertad de elección, siempre y cuando se escoja bien. Este mensaje ha sido repetido con fuerza hasta nuestros días. Mencionaré dos ejemplos.

Guatemala conoció un breve interludio democrático que se cerró, como todos saben, con un golpe de estado militar estadounidense, presentado al pueblo como una defensa contra los rusos. Aunque era un poco extravagante, ésa fue la excusa. A nivel interno, la injerencia militar era vista con otros ojos, y la amenaza, con más realismo: "Los programas sociales y económicos del gobierno elegido se unían a las aspiraciones" de los obreros y campesinos, "suscitaban su adhesión y se adecuaban al interés personal de la mayoría de los guatemaltecos políticamente conscientes". Peor aun, el gobierno de Guatemala se había transformado en un "peligro creciente para la estabilidad de Honduras y de El Salvador. Su reforma agraria es un arma de propaganda poderosa; su amplio programa de ayuda a los trabajadores y campesinos puede convertirse en una lucha victoriosa contra las clases más ricas y contra las grandes empresas extranjeras y ejercer una fuerte atracción sobre las poblaciones vecinas de América Central que viven bajo condiciones similares". Por lo tanto, la solución militar era necesaria. Duró cuarenta años y dejó la misma cultura del terror que en otros países cercanos.

Lo mismo podría decirse de Cuba, otro claro ejemplo de actualidad. Cuando EEUU tomó (en secreto) la decisión de derrocar al gobierno cubano en 1960, el razonamiento era muy parecido. Se trataba de eliminar la amenaza cubana, que consistía en "la propagación de la idea castrista según la cual había que hacerse cargo de los propios asuntos".

He aquí pues la amenaza: que las personas se hagan cargo de su propio destino; y hubo que destruir sus vidas por medio del terrorismo y la asfixia económica que continúa hasta nuestros días. Hoy resulta más que evidente que todo esto no tuvo nada que ver con la Guerra Fría, y para darse cuenta no hace falta recurrir a archivos secretos. Cuestiones similares condujeron después de la Guerra Fría a la interrupción de la breve experiencia democrática de Haití, por órdenes de los presidentes Bush y Clinton, que seguían una larga tradición respecto de ese país.

Las mismas inquietudes impregnan los acuerdos comerciales, por ejemplo el NAFTA (North American Free Trade Agreement). Como todos pueden recordar, en cierto momento la propaganda oficial presentaba el asunto como un beneficio maravilloso para los trabajadores de tres países: Canadá, EEUU y México. Pero después de la prueba de los hechos ya era imposible seguir disfrazando la cosa. Lo que se suponía desde el principio, al final debió reconocerse públicamente. La intención era "encerrar a México en las reformas" de los años '80, las reformas que habían reducido los salarios severamente y enriquecido a un pequeño sector local y a los inversores extranjeros. Los intereses ocultos se expresaron durante una conferencia sobre el desarrollo estratégico latinoamericano en 1990. La conferencia advertía sobre el peligro de "una 'apertura democrática' en México que podría cuestionar los privilegios establecidos, llevando al poder a un gobierno capaz de competir con EEUU en el terreno económico o de tener un mayor cuidado por su independencia". Como ya habrán notado, es la misma amenaza que en 1945, cuando se la enfrentó encerrando a México en las obligaciones del tratado. Las mismas razones aparecen invariablemente a lo largo de medio siglo de tortura y terror, y no sólo en el hemisferio occidental. Surgen igualmente en el seno de todos los acuerdos sobre los derechos de los inversores. Acuerdos que vienen siendo impuestos por esta forma particular de globalización concebida por un plexo de empresas que se apoyan en el poder estatal.

Regresemos a lo que les había pedido que dejaran de lado, nuestro punto de partida: la controvertida cuestión de la libertad, los derechos y el valor de la soberanía. ¿Acaso esta libertad y estos derechos pertenecen a personas de carne y hueso o tan sólo a pequeños islotes de riqueza y privilegios? ¿O quizás a construcciones abstractas como las compañías, los capitales financieros y los estados? Durante el siglo que acaba de cerrarse, la idea de que tales entidades tienen derechos especiales que prevalecen sobre los de las personas ha sido vigorosamente defendida. Los ejemplos más notables son el bolchevismo, el fascismo y el poder de las empresas [*corporatism*], que es una forma de tiranía privatizada. Dos de estos sistemas se desplomaron. El tercero vive aún y prospera bajo la máxima de TINA: no hay alternativa al régimen mercantilista promovido por empresas que se apoyan en el estado y juegan con diferentes eslóganes, como la globalización y el librecambio.

Hace un siglo, en las primeras etapas de la "corporatización" de EEUU, la discusión del problema era mucho más sincera. Los conservadores del siglo pasado denunciaban este proceso, describiéndolo como un "retorno al feudalismo" y "una forma de comunismo", analogía que no carece de fundamento. Las mismas ideas se encuentran en las concepciones neohegelianas a propósito de los derechos de las entidades orgánicas, con la creencia en la necesidad de una administración centralizada que regule los sistemas caóticos de mercado (que en ese entonces eran completamente incontrolables). No debemos olvidar que en la presunta "economía de mercado" actual una enorme porción de las transacciones internacionales (lo que se llama, erróneamente, "el comercio"), probablemente casi 70%, se produce en el marco de instituciones centralizadas, al interior de empresas y de alianzas de empresas. Y mejor ni hablemos de las otras formas de distorsiones extremas del mercado.

La crítica conservadora –adviertan que utilizo el término "conservadora" en su sentido tradicional; los conservadores de esa clase desaparecieron casi todos– tuvo bastante eco en el vértice demócrata-progresista, en particular en John Dewey, el principal filósofo político de EEUU, cuyos principales trabajos versan sobre la democracia. Este pensador afirmaba que las formas democráticas se debilitan cuando "la vida del país" (producción, comercio, prensa) está dominada por tiranías privadas, en un sistema que denominaba "feudalismo industrial", en el que los trabajadores están sometidos al control de la dirección y donde la política se transforma en "la sombra que las grandes empresas arrojan sobre la sociedad". Dewey formulaba ideas que años atrás eran moneda corriente entre los trabajadores. Y podríamos decir lo mismo acerca de su llamado para la erradicación del feudalismo industrial y su reemplazo por una democracia industrial de autogestión.

Un hecho interesante es que los intelectuales progresistas que apoyaban el proceso de "corporatización" estuvieron más o menos de acuerdo con esta descripción. Woodrow Wilson, por ejemplo, escribió que "la mayoría de los hombres están al servicio de sociedades" que representan ahora gran parte de los negocios de este país" en "una América muy distinta de los tiempos antiguos... que no es más el escenario de la empresa individual, de las posibilidades individuales y de la realización individual" sino una nueva América en la cual "pequeños grupos de hombres a la cabeza de grandes sociedades ejercen el poder y el control de la riqueza y de los asuntos del país, convirtiéndose en rivales del gobierno" y minando la soberanía popular, que se ejerce dentro del sistema político democrático [4].

---

[4] Citado por Martin Sklar en *The Corporate Reconstruction of American Capitalism 1890-1916*, Cambridge Univ. Press, 1988, pp. 413-414.

Llamo la atención sobre el hecho que lo que recién cité fue escrito en apoyo a este proceso. Wilson lo consideraba penoso, quizás, pero necesario, acorde con las exigencias del mundo de los negocios, en particular luego de que las catastróficas perturbaciones del mercado de los años anteriores convencieran a empresarios e intelectuales progresistas de que éste simplemente necesitaba ser administrado y que las transacciones financieras debían ser reguladas.

Cuestiones muy similares se plantean hoy en día de manera acuciante en la escena internacional, con la reforma de la arquitectura financiera. Hace exactamente un siglo, luego de una batalla judicial feroz, fueron otorgados a las sociedades los mismos derechos que a las personas, lo cual representa una violación a los principios progresistas clásicos. Las empresas fueron excusadas de atenerse a la obligación de circunscribirse a las actividades específicas que le habían sido autorizadas. Además, y eso significó un cambio importante, los tribunales desplazaron el poder de manos de los accionistas hacia la dirección central, identificada con la persona inmortal de la compañía. Aquellos de ustedes para quienes la historia del comunismo resulte familiar reconocerán que este proceso se parece fuertemente a aquel que tuvo lugar en la misma época y que fue anunciado tempranamente por los críticos de la izquierda, la izquierda marxista y las críticas anarquistas del bolchevismo de gente como Rosa Luxemburgo. Ellos advirtieron, desde el comienzo, que la ideología centralista iba a quitarle el poder a los trabajadores para confiárselo al partido, al comité central y luego al jefe supremo, lo cual no dejó de ocurrir luego de la conquista del poder en 1917, que generó la inmediata destrucción de todo aquello que podía subsistir de los principios socialistas. Los propagandistas de ambos campos prefirieron una versión diferente de las cosas por razones de conveniencia personal, pero considero que la que menciono se ajusta a la verdad.

En estos últimos años se adjudicaron a las compañías derechos que sobrepasan ampliamente los de las personas. Según las reglas de la Organización Mundial de Comercio, las sociedades pueden exigir el llamado derecho de "trato nacional". Esto significa que General Motors, si opera en México, puede ser tratada como una empresa mexicana. Hoy éste es un derecho que solo poseen las personas inmortales, no los seres de carne y hueso. Un mexicano no puede aterrizar en New York y pedir un trato nacional; las compañías, sí.

Otras reglas estipulan que, en la mayoría de los casos, los derechos de los inversores, prestamistas y especuladores deben prevalecer por sobre los de las personas simples como nosotros, socavando así la soberanía popular y disminuyendo aún más los derechos democráticos. Las compañías –ustedes ya lo saben– cuentan con múltiples maneras de iniciar juicios y acciones contra los estados soberanos; existen interesantes ejemplos al respecto. Guatemala, años atrás, intentó disminuir la mortalidad infantil regulando la venta de leche en polvo por parte de las multinacionales. Las medidas propuestas eran conformes a las recomendaciones de la Organización Mundial de la Salud y se ajustaban a los códigos internacionales, pero la compañía Gerber argumentó expropiación y amenazó con quejarse ante la Organización Mundial de Comercio. Esto fue suficiente para que Guatemala diera marcha atrás, temiendo represalias de parte de Estados Unidos.

La primera queja de este tipo y apoyada en las nuevas reglas de la Organización Mundial de Comercio fue presentada por Venezuela y Brasil, que consideraban que los decretos de la Agencia de Protección del Ambiente Estadounidense (EPA) violaba sus derechos como exportadores de petróleo. Esta vez Washington cedió, supuestamente por miedo a las sanciones, pero confieso mi escepticismo frente a esta interpretación. No creo que EEUU temiera sanciones comerciales de Venezuela y Brasil. Es más probable que la administración Clinton no haya visto una razón imperativa de defender el medio ambiente y la salud pública.

Estos problemas se plantean hoy en día de manera muy dramática, casi obscena. Decenas de millones de personas en el mundo mueren de enfermedades curables, a causa de las cláusulas proteccionistas inscriptas en los reglamentos de la Organización Mundial de Comercio que otorgan a las multinacionales el derecho de fijar los precios al estilo de un monopolio. Así Tailandia y Sudáfrica, por sólo citar estos dos casos, poseen industrias farmacéuticas capaces de producir medicamentos que salvarían vidas a una fracción del precio establecido por el monopolio; pero, bajo la amenaza de sanciones comerciales, no se atreven a hacerlo. De hecho, en 1998, EEUU amenazó a la Organización Mundial de la Salud con retirarle los fondos si se atrevía a controlar los efectos de las condiciones comerciales sobre la salud [5]. Se trata de amenazas muy reales. Hablo de la época actual, basta con leer la prensa de esta semana.

Todo esto tiene como nombre "derecho comercial". Pero no tiene nada que ver con el comercio. Son prácticas monopólicas de fijaciones de precios, aplicadas en virtud de medidas proteccionistas presentes en lo que se llama acuerdos de libre intercambio. Estas medidas son concebidas con el objetivo de asegurar los derechos de las empresas. Naturalmente, también tienen por efecto la reducción del crecimiento y la innovación. Y sólo son una parte de las

---

[5] Shawn Crispin, "Global Trade: New World Disorder", en *Far Eastern Economic Review*, 17 de febrero de 2000.

reglas introducidas en esos acuerdos para impedir el desarrollo y el crecimiento. Están en juego los derechos de los inversores, no el comercio. Y el comercio, por supuesto, no tiene valor en sí. Unicamente lo tiene si acrecienta el bienestar humano.

En general, el principio de la Organización Mundial de Comercio, su principio fundamental, es que la soberanía y los derechos democráticos tienen que subordinarse a los derechos de los inversores. En la práctica esto significa que personas gigantescas e inmortales gozan de los mayores derechos: son tiranías privadas a las cuales las personas comunes deben servir. Esto es lo que en parte condujo a los acontecimientos de Seattle. Pero de alguna manera el conflicto entre soberanía popular y poder privado fue mucho más claro y más cruel unos meses después de Seattle, hace apenas unas semanas en Montreal, donde se firmó un acuerdo ambiguo sobre el "protocolo de seguridad biológica". El problema fue claramente expuesto. Para citar el *New York Times,* "se llegó a un acuerdo luego de intensas negociaciones que enfrentaron a EEUU con el resto del mundo", sobre el supuesto "principio de precaución". ¿De qué se trataba? El negociador en jefe de la Unión Europea lo definió así: "Los países tienen que gozar de la libertad, el derecho soberano de tomar medidas de precaución en cuanto a los cereales, microbios, animales, productos agrícolas genéticamente modificados, que crean que puedan ser nocivos". Sin embargo EEUU puso el acento sobre las reglas de la Organización Mundial de Comercio, que estipulan que una importación sólo puede ser prohibida en base a pruebas científicas [6].

Comprendan bien lo que está en juego aquí. La cuestión es si los individuos tienen derecho de negarse a ser conejillos de Indias. Supongan que el departamento de biología de la universidad les dice: "Ustedes deben ser los conejillos de Indias de una experiencia que estamos llevando a cabo, no sabemos hacia dónde vamos, hundan electrodos en su cerebro y veamos qué pasa. Tienen el derecho de negarse, pero sólo si nos presentan la prueba científica de que la experiencia les hará daño". En general es imposible presentar la prueba científica. La pregunta es: ¿tienen el derecho de negarse a ser conejillos de Indias? Según las reglas de la Organización Mundial de Comercio, no. Es una forma de lo que Edward Herman, un economista con quien he escrito varios libros, llama "la sobera-

---

[6] Cumbre de Montreal (primera reunión extraordinaria de la conferencia de participantes de la convención de las Naciones Unidas sobre la diversidad biológica para concluir y adoptar un protocolo sobre la seguridad biológica. Resumen de la sesión), cf. Andrew Pollack, "130 Nations Agree on Safety Rules for Biotech Food", *New York Times*, 30 de enero de 2000; Pollack, "Talks on Biotech Food Turn on Safety Principle", *New York Times*, 28 de enero de 2000.

nía del productor". El productor reina; los consumidores se defienden como pueden. Este sistema funciona también en el plano nacional. No es responsabilidad de las industrias químicas que fabrican pesticidas probar que los productos que desparraman en el medio ambiente están exentos de peligro. Es el público quien tiene que mostrar que son nocivos, y para eso debe remitirse a organismos sin fondos, susceptibles de ser influenciados por la industria a través del *lobby* y otras presiones. Es el problema que se presentó en Montreal, y surgió una suerte de acuerdo ambiguo. Nótese que nunca se debatieron los principios. Para convencerse basta con examinar la distribución de los roles. Estados Unidos de un lado, apoyado por algunos otros países con interés en la biotecnología y la exportación agrícola de punta, y del otro todo los demás (aquellos que no esperaban rédito del asunto). Esa era la configuración que mostraba exactamente qué dosis de principio estaba en juego. Por razones similares, la Unión Europea está a favor de tarifas elevadas sobre productos agrícolas, como EEUU hace cuarenta años, pero ya no ahora; no porque los principios hayan cambiado: simplemente cambió el poder.

Existe un principio preponderante, y consiste en que los poderosos y los privilegiados tienen que poder hacer lo que quieran (en nombre, por supuesto, de nobles objetivos). Su corolario es que la soberanía y los derechos democráticos de la gente deben desaparecer; en el caso que acabamos de examinar –y es lo que lo vuelve tan dramático– se trata del rechazo de hacer de conejillos de Indias para compañías de Estados Unidos. Es muy natural que EEUU se atenga a las reglas de la Organización Mundial de Comercio, puesto que es su creador.

Estas cuestiones, a pesar de ser muy concretas y de que afectan a un gran número de personas en el mundo, son de hecho secundarias en relación a otros métodos establecidos para reducir la soberanía en provecho del poder privado. Lo más importante fue sin duda el desmantelamiento del sistema de Bretton Woods por EEUU Inglaterra y otros, en los años '40. En esa época los programas de ayuda social y las medidas democráticas radicales gozaban de un apoyo popular aplastante. Es en parte por esas razones que el sistema de Bretton Woods de mediados de los años '40 regulaba las tasas de cambio y permitía el control de los flujos monetarios. La idea era ponerle fin a la especulación ruinosa y nociva y restringir la huida de los capitales. Las razones se comprendían bien y estaban claramente formuladas: el libre flujo de capitales instaura lo que a veces se llama un "parlamento virtual" del capital mundial, que tiene poder de veto sobre las políticas gubernamentales que juzga irracionales: me refiero al derecho del trabajo, a los programas de educación o de salud y a los esfuerzos para estimular la economía; a decir verdad, a todo aquello susceptible de ayudar a la gente y no de favorecer las ganancias de las compañías (lo cual resulta irracional en el sentido técnico).

El sistema de Bretton Woods funcionó mal que mal durante veinticinco años, período que corresponde a lo que muchos economistas llaman "la edad de oro" del capitalismo moderno (del capitalismo de estado moderno, más precisamente). Esta etapa, que llega hasta 1970, fue histórica y no tuvo precedentes en el rápido crecimiento de la economía, el comercio, la productividad, las inversiones financieras, la extensión de las medidas de protección social: una verdadera edad de oro. La situación conoció un vuelco a comienzos de los años '70. El sistema de Bretton Woods fue desmantelado con la liberalización de los mercados financieros y las tasas de cambio flotantes.

El período que siguió, y que dura aun hoy, fue a menudo descrito con justeza como la "edad de plomo". El capital especulativo de muy corto plazo conoció una fuerte explosión y comenzó a aplastar a la economía productiva. Un deterioro bastante marcado alcanzó a casi todos los ámbitos: crecimiento económico considerablemente amortiguado, aumento más lento de la productividad y de las inversiones financieras, tasas de interés mucho más elevadas (lo cual amortigua el crecimiento), mayor volatilidad de los mercados, todo acompañado por crisis financieras. Estas cosas fueron duramente vividas en el plano humano, inclusive en los países ricos: salarios congelados o en disminución, aumento importante de las horas de trabajo, particularmente en EEUU, compresión de los servicios. Para darles un ejemplo, en la gran economía actual de la cual tanto se habla, el ingreso medio de las familias (a mitad de camino entre la franja superior y la inferior) decayó a su nivel de 1989, bastante inferior a lo que era en los años '70. Este período quedará registrado como el del desmantelamiento de las medidas sociales democráticas que habían mejorado considerablemente las condiciones de vida. Y de manera general, el orden internacional recientemente impuesto ofreció un poder de veto aún mayor al "parlamento virtual" de los inversores privados, provocando una caída notable de la democracia y de los derechos soberanos (como era de prever), y un deterioro sensible de la salud social.

Si estos efectos se hacen sentir en las sociedades ricas, en las sociedades pobres son una verdadera catástrofe. Estos problemas no conocen fronteras, no se trata de saber si tal sociedad se volvió más rica y tal otra más pobre; cuando se toma en cuenta a la población mundial en su conjunto aparecen las cifras más significativas. Así, por ejemplo, retomando los recientes estudios del Banco Mundial, si se compararan los ingresos y los capitales del 5% más rico de la población mundial con los del 5% más pobre, la proporción era de 78 a 1 en 1988 y de 114 a 1 en 1993 (son las cifras disponibles más recientes), y la brecha ha continuado en aumento desde entonces. Las mismas cifras muestran que el 1% más rico de la población mundial posee los mismos ingresos que el 57% menos rico, es decir 2.500 millones de individuos [7].

Para los países ricos, las cosas fueron claramente expuestas por Barry Eichengreen, por citar a un economista célebre, en su obra de referencia sobre la historia del sistema monetario internacional. Como muchos otros, notó que la fase actual de la globalización se acerca *grosso modo* al período anterior a la Primera Guerra Mundial. Sin embargo, existen diferencias. Una de ellas, fundamental –explica– es que en esa época la política gubernamental no había sido aún "politizada" por "el sufragio masculino universal y la emergencia del sindicalismo y de los partidos laboristas parlamentarios". Por eso las consecuencias humanas desastrosas del rigor financiero impuesto por el parlamento virtual podían ser trasladadas al pueblo. Pero esta facilidad ya no podía permitirse en la era más democrática que inauguró Bretton Woods en 1945 y durante la cual se impusieron "límites a la movilidad de capitales, en vez de límites a la democracia para protegerse de las presiones del mercado".

---

[7] Según Branko Milanovic, economista del Banco Mundial, citado por Doug Henwood en *Left Business Observer*, n°93, febrero de 2000.

Existe un corolario para todo esto. Parece natural que el desmantelamiento del sistema económico de la posguerra esté acompañado de un ataque importante contra la democracia efectiva –libertad, soberanía popular y derechos humanos– bajo el eslogan TINA. Se acerca bastante a una caricatura grosera del marxismo. Este eslogan, inútil decirlo, no es más que una superchería. El orden socioeconómico particular que se impone es el resultado de decisiones humanas tomadas en el seno de instituciones también humanas. Las decisiones pueden ser modificadas; las instituciones pueden ser transformadas. De ser necesario, pueden ser abolidas y reemplazadas, tal como lo ha hecho gente honesta y valiente durante toda la historia.

Esta conferencia fue pronunciada en Albuquerque, Nueva México, el 16 de febrero de 2000, durante el vigésimo aniversario del Interhemispheric Resource Center (Centro de Documentación Intercontinental). Fue parcialmente retomada en el libro *Rogue States*, (Londres, Pluto Press, 2000) bajo el título "Soberanía socioeconómica".

Del mismo sello editorial

- *Leyendo a Euclides*
  Beppo Levi
  PRÓLOGO: MARIO BUNGE

- *Beppo Levi, Italia y Argentina en la vida de un matemático*
  Laura Levi

- *Vecinos Distantes, Universidad y Ciencia en Argentina y Brasil*
  Hugo Lovisolo
  PRÓLOGO: LEONARDO MOLEDO

- *Prodigios y Vértigos de la Analogía*
  Jacques Bouveresse
  PRÓLOGO: ALAN SOKAL
  Y JEAN BRICMONT

- *Infancias*
  Françoise Dolto
  PRÓLOGO: CATHERINE DOLTO